Borland

Kindertypen

Kindertypen

Von
Dr. D.M. Borland †
(London)

Freie Übertragung und Bearbeitung nach Borlands
„Children's Types"
von Dr. med. Heinz Zulla

Mit einem Repertorium
von Dr. med. W. Wedepohl

ARKANA-VERLAG · HEIDELBERG

CIP-Kurztitelaufnahme der Deutschen Bibliothek

Borland, Douglas M.:

Kindertypen / von D.M. Borland. Freie Übertr. u. Bearb. nach Borlands "Children's types" von Heinz Zulla. Mit e. Repertorium von W. Wedepohl. – Nachdr. d. Ausg. Ulm/Donau, Haug, 1961. – Heidelberg: Arkana-Verlag, 1986.

Einheitssacht.: Children's types «dt.»

ISBN 3-920042-15-8

NE: Zulla, Heinz [Bearb.]

Herstellerische Betreuung: Axel Treiber

Verlags-Nr. 8686 · ISBN 3-920042-15-8

Gesamtherstellung: Heinrich Schreck KG, 6735 Maikammer

I. Kindertypen

VORWORT

Bei dem Text der folgenden Ausführungen handelt es sich um eine freie Übertragung und Bearbeitung von Dr. Borlands 1939 in London erschienenen „Children's Types". Es will uns dünken, daß diese kleine Arbeit Borlands grundlegenden Charakter trägt; grundlegend in dem Sinne, daß hier erstmalig die kindlichen Entwicklungsstufen und deren Wesenheiten prägnant formuliert wurden, so daß sie mit den entsprechenden Arzneimitteln in Beziehung gesetzt werden können. Nirgendwo in der uns zugänglichen Literatur wurde in so kurzer Form und zwingender Gestaltung so viel Zutreffendes und praktisch Brauchbares über die einzelnen Kindertypen, so wie sie die zugeordneten Arzneimittelbilder verlangen, ausgesagt. Borlands Fähigkeit, die kindliche Typenindividualität treffend zu umreißen und das beziehungsvolle Charakteristicum des entsprechenden Arzneimittels bloßzulegen und aufzuzeigen, ist trotz aller Kürze der Darstellung bewundernswert. Die straffe Diktion und die klare Durchführung der einzelnen Typeninterpretationen haben vielleicht bei der Übertragung in die deutsche Sprache durch die gedrängte Wiedergabe gelitten; dies wird jedoch durch das ausführliche Repertorium von W. Wedepohl reichlich ausgeglichen. Bei Borland war dieses Repertorium nicht vorgesehen, es bildet daher eine erfreuliche Erweiterung des Originals und hebt gleichzeitig den praktischen Wert dieser Arbeit. Die vorliegenden Kindertypen können natürlich keinen Anspruch auf Vollständigkeit in bezug auf die möglichen Arzneimittel erheben. Doch die wichtigsten Polychreste sind dabei erfaßt worden, und damit wird jedem Praktiker, jedem Kinderarzt und jedem psychotherapeutisch interessierten Behandler eine unschätzbare Hilfe an die Hand gegeben. Denn diese wertvollen Hinweise für die Arzneimittelbehandlung der Kinder, die die kleine Arbeit vermittelt, sind gewöhnlich nur versteckt in den uns bekannten Arzneimittelbildern vorhanden. Borland hat es vorzüglich verstanden, jeden Kindertyp und das entsprechend zugeordnete Arzneimittelbild so eindeutig zu profilieren, daß sie zu plastischen, lebendigen und daher faßbaren Gestalten geworden sind. Dies allein berechtigt, ja verpflichtet uns, die „Children's Types" der Vergessenheit zu entreißen und ihre stete Aktualität durch einen Neudruck uns allen zugänglich zu machen.

Montabaur, im Juni 1961

Dr. Heinz Zulla

INHALT

Vorwort 7

I. Kindertypen 9
Das Calcium-carbonicum-Kind 12
Das Calcium-phosphoricum-Kind 13
Das Silicea-Kind 14
Das Lycopodium-Kind 15
Das Causticum-Kind 15
Das Barium-carbonicum-Kind 16
Das Borax-Kind 17
Das Natrium-muriaticum-Kind 19
Das Sepia-Kind 20
Das Aurum-Kind 21
Das Carbo-vegetabilis-Kind 22
Das Graphit-Kind 22
Das Capsicum-Kind 24
Das Psorinum-Kind 25
Das Antimonium-crudum-Kind 26
Das Petroleum-Kind 26
Das Pulsatilla-Kind 27
Das Kalium-sulfuricum-Kind 28
Das Sulfur-Kind 30
Das Thuja-Kind 33
Das Brom-Kind 34
Das Jod-Kind 35
Das Abrotanum-Kind 37
Das Acidum-fluoricum-Kind 37
Das Arsen-Kind 39
Das Chamomilla-Kind 41
Das Cina-Kind 42
Das Magnesium-carbonicum-Kind 42
Das Ignatia-Kind 43
Das Zincum-Kind 44

II. Repertorium 45
Symptomenregister 47
Besprochene Kindertypen 89
Sonstige Bemerkungen über Mittel 90

Wir besprechen 5 Gruppen: zunächst das Calcarea-Kind, welches wohl am häufigsten vorkommt, dann das Barium-carbonicum-Kind, als nächsten Typ das Graphit-Kind, anschließend das Pulsatilla-Kind und zuletzt das Arsenicum-Kind.

Die Calcarea-Kinder, entsprechend den verschiedenen Calcium-Salzen, sind zu unterteilen in *Calcium-carbonicum-*, *Calcium-phosphoricum-* und *Calcium-Silicea-*Typen. Bei dieser Unterteilung kommen gleichzeitig der Phosphor-Typus und ebenso der Silicea-Typus zur Besprechung, wobei dem Silicea-Typus *Sanicula* und *Aethusa* zugeordnet sind.

Dann — etwas weiter ab von dem eigentlichen Calcarea-Typ — besteht eine Verbindung zu *Lycopodium* und im Verfolg davon zu *Causticum.*

In der 2. Gruppe, also unter dem Führungsmittel *Barium carbonicum,* bietet sich als ähnlicher Typus *Borax* an und daran anschließend *Natrium muriaticum.* Nach *Natrium muriaticum* denken wir gleich an das korrespondierende Mittel *Sepia.* Handelt es sich dabei um niedergeschlagene, traurige Kinder, erwägen wir die Möglichkeit von *Aurum,* und handelt es sich um faule und geistig träge Kinder, dann können wir *Carbo vegetabilis* nehmen.

Bei den Führungssymptomen von *Graphit* kommt auch *Capsicum* in Erwägung, und hier haben wir schon den Anklang zu den Haut erscheinungen der Kinder und müssen somit unmittelbar an *Psorinum* denken. Bei der Betrachtung der Hauterscheinungen der Kinder werden wir dann auch zu *Antimonium crudum* hingeführt, und obwohl keine Verwandtschaft mit *Graphit* besteht, kommt ebenso häufig dabei *Petroleum* in Betracht.

In der nächsten Gruppe, die durch das Hauptmittel *Pulsatilla* charakterisiert ist, wird das Folgemittel von *Pulsatilla* zunächst *Kalium sulfuricum* sein. Hier begegnen wir erstmalig einer Sulfurkomponente, die uns an *Sulfur* selbst denken läßt. Bei der Ähnlichkeit der geistig-seelischen Symptome von *Pulsatilla* und *Thuja* müssen wir *Thuja* miteinbeziehen. Als nächstverwandtes Mittel bietet sich dann *Silicea* an, und nach Silicea erwägen wir die Möglichkeit von *Acidum fluoricum.* Mit diesem Mittel sind wir unversehens zu der Gruppe der warmblütigen Typen gekommen, denen die *Bromide* und *Jodide* folgen. Bei dem Gedanken an *Jod* mit seiner Abmagerung und seinem Hunger bietet sich die Brücke zu *Abrotanum* an.

In der letzten Gruppe mit dem Hauptmittel *Arsenicum* haben wir die eigentlichen Nervenmittel vor uns, die Mittel, deren Arzneibilder von Schrecken und Entsetzen beherrscht sind. Hier finden wir zuerst *Stramonium,* dann die Überempfindlichkeit der *Chamomilla,* und bei noch heftigeren

Symptomen der in Krämpfe ausartenden Überempfindlichkeit stehen wir bei *Cina. Cina* mit seinen eigenartigen Verdauungsstörungen leitet dann zu *Magnesium carbonicum* über; von hier aus kommen wir mit *Ignatia* wieder zurück zu den eigentlichen nervösen Störungen, und wo wir *Ignatia* vermuten, bei dem ruhelosen, zuckenden, nervösen Typ, müssen wir auch an *Zincum* denken.

Diese 5 Gruppen wollen wir nun im einzelnen betrachten.

Das Calcium-carbonicum-Kind

Zunächst können wir feststellen, daß der Calcium-carbonicum-Typ bei Kindern uns wohl am häufigsten begegnet. Typisch für ihn sind die weichen, fetten, hellen, frostigen und trägen Kinder. Sehr oft sehen sie überraschend gut aus, und trotzdem haben sie wenig geistige und körperliche Energien. In den frühen Jahren des Lebens sind sie oft übergewichtig, und dann sehen sie auffallend gesund aus. Aber wenn man sie anfaßt, findet man, daß es sich mehr um Fett als um Muskeln handelt. Sie haben eine besondere Tendenz zu Rachitis mit aufgetriebenen Epiphysen, großem Kopf, verzögertem Verschluß der Fontanellen und einer dauernden Neigung zu Schweißen, die oft sauer riechen und ganz besonders am Kopf zu finden sind.

Die Kinder selbst sind sehr frostig veranlagt, und trotzdem werden sie durch die kleinste Anstrengung sehr heiß (dämpfig). Sie schwitzen nachts und strecken oft ihre Füße unter der Bettdecke hervor, dabei ist es notwendig, hierzu zu bemerken, daß dieses „Hitzegefühl in der Nacht" kein alleiniges Symptom von *Sulfur* darstellt. Etwas später begegnen wir immer noch denselben Typen. Sie sehen immer noch gesund aus und wohlgenährt, und trotzdem sind sie körperlich und geistig träge oder gar faul. Sie lernen langsam in der Schule, sie sind langsam beim Spielen, sie neigen dazu, ihre Fußgelenke zu verrenken, sie haben schwache Muskulatur, schwitzen bei Anstrengung und sind rasch erkältet. Wir finden dann bei ihnen vergrößerte Tonsillen, vergrößerte Halsdrüsen und einen ziemlich dicken Bauch bei gleichzeitigem Mangel an Ausdauer. Diese Kinder sind auch ängstlich und haben wenig Initiative. Sie sind ganz zufrieden, wenn sie herumsitzen oder nur wenig oder gar nichts tun, dabei sind sie aber ganz besonders empfindlich gegen Spott. Sie bewegen sich plump und schwerfällig beim Spielen und neigen dazu, sich in sich selbst zurückzuziehen. Anstatt sich mit einer Sache intensiv zu beschäftigen, um erfolgreicher zu werden, stecken sie die Hände in die Tasche und geben das Spiel lieber auf. Dabei hassen sie es, wenn man über sie lacht oder sie hänselt. Die gleiche Reaktionsart finden wir bei diesen Kindern auch während ihrer Arbeit. Sie haben oft große Schwierigkeiten bei dem einen oder anderen Fach in der Schule, und bei dem kleinsten Verdacht, irgendwo auf Schwierigkeiten zu stoßen, weichen sie aus, anstatt sich etwas mehr anzustrengen, und wo sie sich nicht sicher fühlen, kann nichts sie veranlassen, auf irgendeine Frage in der Klasse zu antworten, aus Angst, die Antwort sei falsch, oder aus Angst, sie würden ausgelacht werden.

In ihrer frühen Jugend neigen diese Calcium-carbonicum-Kinder zu Verstopfung. Doch sowie sie sich erkälten, reagieren sie mit Durchfall. Hierbei sind noch zwei absonderliche Erscheinungen zu bemerken, und zwar einmal die Tatsache, daß diese Typen sich im verstopften Zustand, also bei vollem Darm und mangelhafter Darmtätigkeit, wohlfühlen, und das andere, was ebenso zu der ganzen trägen Verfassung paßt, ist der bezeichnende Umstand, daß jede körperliche oder geistige Anstrengung sowie jede schnelle Bewegung die Beschwerden im Krankheitsfalle verschlimmern; außerdem werden diese Calcium-carbonicum-Typen sehr leicht schwindlig und krank bei Fahrten mit dem Auto oder der Eisenbahn. Ein weiteres charakteristisches Symptom, welches uns die Mittelwahl für *Calcium carbonicum* erleichtert, ist die ausgesprochene Abneigung gegen heiße Nahrung. Dagegen essen diese Kinder liebend gerne Eis und haben eine Abneigung gegen Fleisch; manchmal finden wir ein ausgeprägtes Verlangen nach Eiern, und zwar Eiern in jeder Form. Dieses Verlangen nach Eiern ist aber nicht immer vorhanden. Ein weiteres Hinweisungssymptom für *Calcium carbonicum* ist folgendes: diese Kinder sind nervös, ängstlich und schreckhaft, sowie sie müde und schläfrig werden. Sie sind vollkommen zufrieden und glücklich, solange jemand um sie herum ist; dann sitzen sie ruhig da und spielen. Wenn es aber dunkel wird, bekommen sie eine ausgesprochene Angst, bei Dunkelheit ins Bett zu gehen, und neigen zu schweren Alpträumen; sie wachen in der Nacht schreiend auf, und das Kind, welches von diesen Nachtmahren aufgeschreckt wird, sieht schreckliche Gesichter in der Dunkelheit und ist dann kaum zu beruhigen.

Das Calcium-phosphoricum-Kind

Wir können uns anstelle des typischen Calcium-carbonicum-Kindes einen Typus vorstellen, welcher sein Fett verloren hat, daher schlanker wirkt, mehr zur Hypertrophie des gesamten adenoiden Gewebes neigt, etwas zurückhaltender erscheint, dagegen in der Schule lebendiger, und dennoch durch geistige Anstrengung beim Lernen Kopfschmerzen bekommt, im übrigen aber alle Charakteristica von *Calcium-carbonicum* besitzt, — dann haben wir ein Calcium-phosphoricum-Kind vor uns. Diese Kinder leiden während ihres Längenwachstums an Wachstumsschmerzen (wahrscheinlich Reaktionen der Muskeldehnung). Wachstumsschmerzen, welche besonders in der Tibia lokalisiert werden, entsprechen besser den *Magnesiumsalzen* als *Calcium phosphoricum.*

Nehmen wir nun an, das Kind ist noch dünner geworden, neigt sogar dazu, schmächtig und zart zu werden, ist aber gleichzeitig geistig deutlich aufgeweckter, nervöser und reizbarer; kommt dann zusätzlich zu der Furcht in der Dunkelheit noch eine Überempfindlichkeit gegen atmosphärische Störungen, Angst vor Gewittern und eine noch größere Furcht vor dem Alleinsein hinzu, ist das Kind aber andererseits nicht mehr ganz so scheu, eher in der Lage, sich selbst zu behaupten, sich selbst auszudrücken, und trotz Frostigkeit fähig, bei Anstrengungen mit Hitze der Haut zu reagieren, genauso wie bei der Einnahme von heißem Essen; besteht aber ein größerer Wunsch nach Fleisch und nach Speisen, die mehr gewürzt sind, besonders nach gesalzenen Speisen, dagegen kein Verlangen mehr nach Eiern, so haben wir den Phosphor-Typus vor uns, der ebenso wie der Calcium-Typus noch unter Alpträumen leidet, aber mehr zu häufigen Bronchitiden neigt und sehr empfindlich ist gegen plötzlichen Temperaturwechsel. Hier sehen wir, wie ein Typ in den anderen Typ hinüberwechselt.

Das Silicea-Kind

Betrachten wir gleich ein anderes Kind, das ebenfalls etwas unterentwickelt ist, zwar noch frostig und viel dünner, viel schmaler als die anderen Kinder, aber bei weitem nicht so hochgeschossen wie das Phosphor-Kind, dafür blasser, mit feinerer Haut und ohne die dicken Haarlocken, wie wir sie bei *Calcium* finden, also mit viel feinerem blondem Haar, aber ohne den rötlichen Schimmer, wie ihn das Phosphor-Kind hat. Dieses Kind ist empfindlicher oder gar empfindsamer, schwieriger und differenzierter, verträgt schlechter Störungen im Sinne von Einmischung in sein Leben, neigt eher dazu, sich in sich selbst zurückzuziehen, und ist sehr schnell körperlich ermüdbar, aber geistig intelligenter, neigt ebenfalls zu Schweißen, die aber mehr die Gliedmaßen oder nur den Kopf und Nacken betreffen. Öfter bekommt man von diesen Kindern erzählt, daß sich im Verlauf der Jahre eine Abneigung gegen Milch oder gar eine Unverträglichkeit von Milch entwickelt habe, möglicherweise finden wir hier auch noch die vergrößerten Halsdrüsen. Das ist dann das Silicea-Kind. Wir können nicht von *Silicea* sprechen, ohne an *Sanicula* zu denken (Sanicula = potenziertes Quellwasser aus Amerika, nicht zu verwechseln mit der Pflanze *Sanicula*, die in Europa wächst). Die Indikationen für *Silicea* und *Sanicula* sind praktisch dieselben. Vielleicht ist *Sanicula* reizbarer als *Silicea*, ganz bestimmt ist es geistig und seelisch unbeständiger. Das Sanicula-Kind hat abwechselnd Anfälle von Weinen und Lachen. Das Silicea-Kind bemüht sich ausdauernder und angestrengter, während das Sanicula-Kind nicht lange bei einem Gegenstand verweilt. Das Sanicula-Kind ist entschieden eigensinniger, halsstarriger und schwer zu leiten, doch kann man sagen, daß die körperlichen Symptome bei *Silicea* und *Sanicula* so übereinstimmend sind, daß man immer zuerst *Silicea* anwenden wird und nur im Falle des Versagens von *Silicea* an *Sanicula* zu denken hat.

Ziehen wir die Unverträglichkeit von Milch in Betracht, wie wir sie bei *Silicea* schon gesehen haben, müssen wir bei akuten Erkrankungsfällen, die unmittelbar mit der Unverträglichkeit von Milch in Zusammenhang zu bringen sind, in erster Linie an *Aethusa* denken (Lac defl.).

Das Lycopodium-Kind

Andererseits kommen bei der akuten Gesundheitsstörung durch Unverträglichkeit von Milch noch die beiden Mittel *Lac defloratum* und *Lac caninum* in Frage. In diesem Zusammenhang, wo das pastöse Calcarea-Kind sich streckte und sein Gewicht verlor und sich zum Phosphor-Typus wandelte, ist noch ein weiterer Typ zu erwähnen, ein Entwicklungstyp, der ebenfalls von schlanker Gestalt und langem Wuchs ist, aber keine so feine Haut hat wie der Phosphor-Typ, dem ferner die unbeständige Zirkulation des Phosphor-Typus fehlt, der dagegen eher gelblich wirkt in seinem Aussehen. Ein Kind, das die Tendenz zum leichten Schwitzen verloren hat und dessen Haut eher dicker erscheint. Das Kind wirkt sehr schüchtern, obgleich es nicht so scheu oder ängstlich wie das Silicea-Kind ist. Es sieht so aus, als habe es keine Selbstsicherheit, und trotzdem hat man den Eindruck, daß sich dahinter eine gesunde Eigenliebe verbirgt. Man findet bei diesen Kindern eine große Neigung zu Verdauungsstörungen, oft haben sie ganz guten Appetit, essen ganz gut, in der Tat essen sie oft mehr als ältere Kinder, trotzdem setzen sie kein Gewicht an. Sie haben manchmal einen vergrößerten Bauch, aber man findet bei ihnen nicht die typischen vergrößerten Mesenterialdrüsen. Im Gegensatz zu den Wünschen der Phosphor-Kinder, die mehr fleischige und pikante Dinge verlangen, entwickeln diese Kinder ein ausgeprägtes Verlangen nach Süßigkeiten. Anstelle des Verlangens nach Eis wie bei den Calcarea-Kindern bevorzugen diese Kinder heißes Essen. Ähnlich den Calciumphosphoricum-Kindern bekommen sie leicht Kopfschmerzen von Überanstrengung in der Schule, es ist eine dumpfe Art von Kopfschmerz. Diese Kinder sind immer noch frostig, aber sie sind am empfindlichsten gegen muffige, dumpfe Luft. Dies sind die ausgeprägten Symptome der Lycopodium-Kinder.

Das Causticum-Kind

Hier ist noch ein anderes Mittel zu erwähnen, das offensichtlich zu wenig angewendet wird, besonders bei Kindern, denen man *Lycopodium* gewissermaßen gegenüberstellen kann. Es handelt sich um *Causticum,* dem Lycopodium nicht unähnlich, nur besteht vielleicht ein stärkeres Kolorit der Haut bei diesen Kindern. Die Causticum-Kinder sind eindeutig empfindsamer und empfindlicher als die Lycopodium-Kinder. Sie sind überempfindlich gegen Schmerzen, aber ganz besonders überempfindlich gegen Gemütserregungen. Diese Kinder schreien oft schon, weil sie denken, man wolle einem anderen Kind weh tun. Es ist mehr die Vorstellung von Schmerzen, die sie beeindruckt, als der wirkliche Schmerz. Sie selbst widerstehen diesen Dingen eher, als daß sie ertragen könnten, wie andere Kinder leiden oder schreien. Diese Causticum-Kinder haben eine ähnliche Art der Schwerfälligkeit und Unbeholfenheit wie die Calcarea-Kinder. Es handelt sich meistens um rheumatisch veranlagte Kinder, welche zu akutem Muskelrheumatismus neigen, besonders nach Erkältungen, und so sehen wir sie mit Nackensteifigkeit wie auch mit Facialisparesen auf eisigkalte Winde reagieren. Und zusammen mit dieser Tendenz zu akuten Nackensteifigkeiten oder Facialisparesen finden wir um sich greifende Schmerzen, welche gewöhnlich von Steifigkeit der Gelenke begleitet sind. Es besteht das Gefühl, als wären die Gelenke zusammengeschnürt. Die Causticum-Kinder sind noch ungeschickter als die Calcarea-Kinder und neigen besonders dazu, ihre Muskeln zu verzerren, im Gegensatz zu den Gelenkzerrungen der Calcarea-Kinder.

Verbunden mit der rheumatischen Veranlagung entwickelt das überarbeitete oder nervlich überforderte Causticum-Kind leicht Chorea-Symptome, wobei der auffallendste Hinweis für die Causticum-Chorea darin besteht, daß die Zuckungen während des Schlafes auftreten. Das Symptom aber, welches *Causticum* von *Lycopodium* am deutlichsten unterscheidet, ist eine ausgeprägte Abneigung gegen „Süß“. Weitere Hinweise für die Causticum-Diagnose sind einmal das außergewöhnliche Symptom, daß das Causticum-Kind trotz seiner rheumatischen Veranlagung sich bei feuchtem Wetter deutlich besser fühlt, und zum anderen, daß das Causticum-Kind bei Magen- und Verdauungsstörungen heftigen Durst nach den Mahlzeiten bekommt. Weitere Hinweise bestehen in der Neigung der Causticum-Kinder zur Bildung von zahllosen Warzen sowie zur Enuresis nocturna.

An dieser Stelle ist es angebracht, einige Bemerkungen über *Tuberculinum* zu machen. Wenn in der Familiengeschichte eines Kindes Tuberkulose vorgekommen ist, empfiehlt es sich aus langer Erfahrung heraus, früher oder später bei der Behandlung eines solchen Kindes, unabhängig von dem im speziellen Krankheitsfalle angezeigten Heilmittel, *Tuberculinum* oder *Bacillinum* (C 30, C 100, C 200, C 500 und C 1000) als Zwischengabe in vierwöchentlichen Abständen zu geben. Einschränkend muß man dazu sagen, daß oft auch eine einzige Gabe in 6 oder 12 Monaten manches Mal zur Umstimmung durch die Nosode ausreicht.

Das Barium-carbonicum-Kind

Wir kommen nun zu *Barium carbonicum.* Das charakteristischste Kennzeichen des Barium-carb.-Kindes ist offensichtlich der kleine, fast zwerghafte Wuchs. Dieses Kind erreicht nie die übliche Körperlänge, wohl aber das übliche Gewicht. Weiterhin ist dieses Barium-carb.-Kind äußerst scheu, schüchtern und ängstlich. Es hat Angst vor Fremden und schreit, wenn es allein gelassen wird. Gleichzeitig hat es eine schreckhafte Furcht, wenn es vor die Türe geht, oder z. B. ein Stadtkind fürchtet sich allein auf offenem

Felde. Oft haben diese Kinder nächtliche Alpdruckanfälle, ohne angeben zu können, was sie speziell so bedrückt. Die Furcht vor Menschen ist bei den Barium-carb.-Kindern mit einer empfindlichen Reizbarkeit vergesellschaftet, sie sind leicht aus der Fassung zu bringen und lieben keine Kritik. Hinzu kommt, daß sie in allem in ihrer Entwicklung zu spät sind (spätes Sprechen- und Gehenlernen, verzögertes Zahnen) und langsam in ihrer Gewichtszunahme. Ein anderer bezeichnender Zug dieser Kinder ist ihre extreme Vergeßlichkeit. Jedes Kind ist vergeßlich, jedes Kind ist unaufmerksam, aber das Barium-carb.-Kind besitzt diese Eigenschaften in auffallendem Maße. Die Unfähigkeit, sich konzentrieren zu können, gehört in ausgeprägter Weise dazu. In der Schule sind solche Kinder unaufmerksam und unkonzentriert, vergessen morgen schon, was sie heute gelernt haben, können nie längere Zeit bei einem Gegenstand verweilen und wenden sich immer neuen Dingen zu. Hinzu kommt, daß diese Kinder außerordentlich leicht ermüden, jeder Versuch einer systematischen Beschäftigung erschöpft sie. In jungen Jahren antworten sie mit Widerspenstigkeit und Reizbarkeit, und wenn sie älter werden, führt jede systematische Beschäftigung zu Kopfschmerzen, welche meist auf der Stirne über den Augen angegeben werden, und es ist dann für sie eine qualvolle Anstrengung, die Augen offen zu halten. Allen Barium-carb.-Kindern gemeinsam ist ihre leichte Erkältlichkeit, wobei die Halsentzündungen bei Beginn jeder Erkältung ebenso charakteristisch sind wie die vergrößerten Tonsillen. Hiermit verbunden sind gleicherweise vergrößerte Hals- und Mesenterialdrüsen. Im Zusammenhang mit der Mesenterialdrüsenvergrößerung besteht eine charakteristische lordotische Haltung mit vorgestrecktem Bauch und schlechtem Stand. Hierzu paßt die Verschlechterung des Befindens nach dem Essen. Nach dem Essen sind die Kinder noch müder, noch reizbarer, noch empfindlicher und noch unaufmerksamer. Hat ein Barium-carb.-Kind eine akute Halsentzündung, welche gerne als Halsbräune auftritt, so empfiehlt es sich, für das akute Krankheitsbild *Barium muriaticum* zu geben und erst später, nach einer Zwischengabe von *Psorinum,* zu *Barium carb.* zurückzukehren. Die Verwandtschaft zu *Psorinum* ergibt sich aus der Neigung dieser Kinder zu krustigen Hauteruptionen — besonders am Kopf sowie an den Augenlidern (Blepharitis) — und aus der Verschlimmerung dieser Symptome durch Waschen, Erscheinungen also, wie sie auch *Psorinum* in seinem Arzneimittelbild hat. Hierzu gehört noch der starke Juckreiz der Hauterscheinungen, wobei die Hautreizungen und der Juckreiz oft heftiger sind als die Eruptionen selbst und grundsätzlich durch Baden sich verschlechtern.

Das Borax-Kind

Neben *Barium carb.* hat an dieser Stelle unserer Betrachtung *Borax* seinen Platz, und es macht einige Schwierigkeiten, ein Barium-carb.-Kind von einem Borax-Kind zu unterscheiden. Beide Kinder schauen ziemlich ähnlich aus, sind schreckhafte Kinder, doch besteht ein Unterschied in der Art ihrer Furchtsamkeit und Schreckhaftigkeit. Während das Barium-carb.-Kind alles Fremde in seiner Umgebung fürchtet, sind es bei den Borax-Kindern vor allem plötzliche Geräusche, welche sie irritieren. Für das Barium-carb.-Kind wäre noch nachzutragen, daß es oft einen ausgeprägten Speichelfluß hat. *Barium* und *Borax* könnte man auch Mittel für geistig mangelhaft entwickelte Kinder nennen; diesen Kindern ist oft das Sabbern gemeinsam, wobei Borax-Kinder besonders zu einer Stomatitis neigen, welche von Speichelfluß und weißen Stippchen auf der Zunge, auf den Lippen und auf den Wangenschleimhäuten begleitet sind. Beiden gemeinsam ist das Leiden an Alpträumen in der Nacht, aber im Unterschied zu *Barium carb.* kann man bei den Borax-Kindern diese Alpträume immer auf eine bestimmte Ursache zurückführen. Als Ursachen kommen in Frage Überanstrengung am Tage oder Übermüdung am Abend. Ein weiterer Unterschied besteht in der Unfähigkeit zu lernen, u. zw. ist das Borax-Kind einfach zu träge zum Lernen. Kann das Borax-Kind sich für etwas begeistern, dann lernt es auch. Das Borax-Kind erscheint viel reizbarer als das Barium-carb.-Kind, bei welchem Erregungen in Tränen enden, während das Borax-Kind in heftiger Leidenschaftlichkeit um sich schlägt und schreit. Auch in den Hauterscheinungen bestehen charakteristische Unterschiede, das Borax-Kind neigt eher zu herpesartigen Eruptionen an den Lippen oder zu urticariellen Schüben im Unterschied zu den generalisierten borkigen Hauterscheinungen der Barium-carb.-Kinder. Das Borax-Kind neigt besonders zu akuten Verdauungsstörungen. Während Barium-carb.-Kinder typischerweise mit einer chronischen Obstipation belastet sind und harten Stuhl haben, neigen die Borax-Kinder zu plötzlichen Durchfällen und zu Erbrechen, wobei eine spezielle Überempfindlichkeit gegen Früchte (Obst) besteht. Der Genuß von Obst verursacht Koliken mit nachfolgenden Durchfällen. Die Neigung zu Schleimhautentzündungen der Borax-Kinder ist oft begleitet entweder von Schmerzen bei der Miktion oder von Enuresis, wobei die Schmerzen bei der Miktion ohne eigentliche Entzündung im Harntrakt auftreten können. Weiterhin differieren die Borax- und Barium-carb.-Kinder, wenn sie etwas älter geworden sind, in der Art ihrer Kopfschmerzen bei Anstrengungen in der Schule. Der Barium-Kopfschmerz ist ein niederdrückender Stirnkopfschmerz, wogegen der Borax-Kopfschmerz mehr mit allgemeinem Krankheitsgefühl und Erbrechen einhergeht. Das kennzeichnendste Borax-Symptom ist aber die bekannte Verschlimmerung durch Abwärtsbewegung. Beide, Barium- und Borax-Kinder, leiden unter Auto- und Eisenbahnkrankheit, aber bei den Borax-Kindern ist am schlimmsten jegliche Abwärtsbewegung. Während das Kleinkind schon schreit, wenn die Mutter es in das Bettchen niederlegen will, fühlt sich das größere Kind unangenehm affiziert, wenn es z. B. in einem Lift abwärts fährt. Beiden Mitteln ist die Empfindlichkeit gegen Kälte gemeinsam, doch bei *Borax* ist die Empfindlichkeit gegen feuchte Kälte ausgeprägter.

Das Natrium-muriaticum-Kind

Bei *Borax* denken wir gleich weiter an *Natrium muriaticum*. Auch die Natrium-muriaticum-Kinder sind in der Mehrzahl etwas kleiner und untergewichtiger als andere Kinder. Auf den ersten Blick, wenn sie ins Sprechzimmer kommen, unterscheiden sie sich eigentlich wenig von den Barium-carb.-Kindern und deren Ängstlichkeit, weil die Natrium-mur.-Kinder, bevor man sie genauer kennengelernt hat, eine ausgesprochene Abneigung dagegen haben, behandelt zu werden. Sie brechen deshalb leicht in Tränen aus. Aber dieses Weinen ist nicht der Ausdruck einer verzagten Schreckhaftigkeit, wie bei Barium-carb., sondern das Natrium-mur.-Kind weint und schreit eher aus Wut als aus Furcht. Bleibt man lange genug ungerührt von diesen Tränen und versucht nicht, das Kind zu trösten oder zu liebkosen, dann hört das Schreien von allein auf, das Kind setzt sich in eine Ecke und beobachtet still. Das Barium-carb.-Kind würde auch in einer Ecke sitzen, aber zu spielen anfangen mit irgend etwas, was es gerade erwischt.

Die Natrium-muriaticum- und Barium-carb.-Kinder sind beide linkisch und unbeholfen, wobei aber bei *Barium carb.* eine Inkoordiniertheit der Bewegungen das Kind plump erscheinen läßt, während bei *Natrium mur.* das Kind infolge von zu großer Hast nicht zurechtkommt. Beide Kindertypen zeigen eine verzögerte Entwicklung, aber bei *Natrium mur.* ist das spätere oder langsamere Gehenlernen nicht so charakteristisch wie das langsame Sprechenlernen, wobei die Natrium-mur.-Kinder eigentlich mehr aus Artikulationsschwierigkeiten heraus falsch sprechen, während bei den Barium-carb.-Kindern das verzögerte Sprechenlernen eindeutig die Folge einer schlechteren geistigen Entwicklung darstellt. Während wir bei den Barium-carb.-Kindern sehr oft vergrößerte Halsdrüsen finden, haben die typischen Natrium-muriaticum-Kinder mehr kleine oder kleinste Halsdrüsen im Nacken und nicht an beiden Seiten der Vorderränder der Sternocleidomastoidei, wie sie für Barium so typisch sind. Der Nacken der Natrium-mur.-Kinder ist ausgesprochen schlank und mager. Im Unterschied zu den krustigen Hauterscheinungen bei *Barium carb.* befinden sich die Hauteffloreszenzen der Natrium-mur.-Kinder ganz charakteristisch an den Haargrenzen. Auch die älteren Natrium-mur.-Kinder bekommen Schulkopfschmerzen bei zu großer Anstrengung, zu großer Konzentrationsleistung, aber ihrem Charakter nach gleichen die Kopfschmerzen denen von *Barium carb.* mit ihrem über den Augen sitzenden Druck nach unten. Ein wichtiger Unterschied besteht in der Reaktion auf Temperaturen. Die Natrium-mur.-Kinder sind oft frostig und empfindlich gegen Zugluft, bekommen bei Temperaturwechsel Frösteln und niesen sofort bei jedem Temperaturwechsel. Aber sie haben dabei eine ausgeprägte Unverträglichkeit von Hitze, besonders gegen schwüle Hitze, können keine Sonne vertragen und bekommen von der Sonnenbestrahlung sogleich Kopfschmerzen. Bekannt bei *Natrium mur.* ist ja das Verlangen nach Salz und salzigen Dingen; wo andere Kinder Zucker stehlen, lecken die Natrium-mur.-Kinder das Salz. Ebenso charakteristisch wie das Salzverlangen ist auch die Bildung von Neid-Nägeln. Auf der Seite springen die Nägel auf und sind schrecklich empfindlich, sehr schmerzhaft und heilen nur sehr schlecht. Es ist nur ein kleiner Hinweis für Natrium mur., aber in der Praxis manchmal sehr nützlich. Eine weitere Hilfe bei dem Versuch, für die Kinder ein passendes Heilmittel zu finden, sind die Hauterscheinungen. Bei den typischen Barium-carb.-Kindern finden wir wenig Farbe, sie erscheinen eher bleich, fast erdig. Die Borax-Kinder haben schon eher rote Wangen, deren Haut ist etwas gelblicher, nicht mehr ganz so erdig, eine Idee weniger elastisch, dicker, schmierig, fettig. Die Natrium-mur.-Kinder sind eher dunklere Typen, erröten leichter, schwitzen leichter und zeigen eine noch fettigere Hautbeschaffenheit.

Das Sepia-Kind

Sind wir schon bei den Hauterscheinungen und bei *Natrium mur.*, so ist es naheliegend, an *Sepia* zu denken, welchem Mittel dieselbe Art von blasser, fettiger Haut entspricht. Doch sind die Sepia-Kinder in ihrer Gesamterscheinung durch eine mehr negative Haltung gegenüber allem, was an sie herantritt, ausgezeichnet. Diese Kinder neigen zu Traurigkeit, Mutlosigkeit, Gleichgültigkeit, Abneigung gegen Arbeiten und zeigen sich selbst bei den Spielen fast uninteressiert. Kommt man diesen Kindern zu nahe, dann weinen sie oder sind verdrießlich und schmollen gern. Es sind ausgesprochen nervöse Kinder. Ebenfalls ängstlich, wenn sie allein sind, fürchten sie sich vor der Dunkelheit und lehnen es trotzdem ab, geführt oder berührt zu werden. In der späteren Entwicklung besteht sogar eine Abneigung, die eigenen Freunde treffen zu wollen; das ähnelt zum Verwechseln der Menschenscheu bei *Barium carb.*, aber bei *Sepia* ist es mehr eine träge Lässigkeit, die sich hier offenbart, denn sind die Sepia-Menschen einmal in einer Gesellschaft, dann können sie sich trotzdem glücklich fühlen.

Auch die Sepia-Kinder zeichnen sich durch langsamere Entwicklung aus; hierbei kann uns oft das Symptom des Kopfnickens eine Hilfe sein. Die Sepia-Kinder sind immer verstopft und neigen bei der Verstopfung auch zu Enuresis. Aber hier ist die Enuresis dadurch charakterisiert, daß sie bei diesen Kindern in der frühen Nacht meist schon bis 22 Uhr eintritt, und daß für den Rest der Nacht die Kinder trocken bleiben; also nur im ersten Schlaf scheint hier die Kontrolle über den Blasenfüllungsreflex unterdrückt zu sein.

Bei den älteren Sepia-Kindern fällt ganz besonders die Neigung zu Ohnmachtsanfällen auf. Diese Anfälle werden ausgelöst durch Stehen oder durch eine bestimmte erzwungene Haltung im geschlossenen Raum (Stehen in der Schule und Kirche oder Knien in der Kirche). Wie alle Sepia-Patienten sind die Kinder auch sehr kälteempfindlich, besonders bei Wetterwechsel, wobei die typischen Sepia-Kinder Erkältungserscheinungen zeigen, die ohne jeglichen Kontakt mit einer Infektionsmöglichkeit auftreten. Sehr oft sind diese Kinder auch überempfindlich gegen Milch und bekommen von Milchdiät Störungen im Verdauungstraktus. Die Sepia-Kinder schwitzen erheblich und neigen zu Hautjucken ohne Hauterscheinungen, wobei das Kratzen keinerlei Erleichterung bringt.

Das Aurum-Kind

Hier schließt sich nun am besten das Gold *(Aurum)* an. Das typische Aurum-Kind ist immer ein unterentwickeltes Kind. Es ist dies weniger eine Frage der Größe und des Gewichts als vielmehr ein ausgesprochener Entwicklungsmangel. Ein 5jähriges Kind sieht aus wie andere Kinder im 3. Lebensjahr. Wir finden bei diesen Typen Knaben mit Entwicklungsfehlern — z. B. Kryptorchismus oder eine Unterentwicklung des Scrotums —, die auf eine unvollständige Entwicklung hindeuten, ähnlich den Entwicklungsformen bei *Barium carb.* Die Aurum-Kinder hinterlassen immer den Eindruck einer gewissen Leblosigkeit, sie sind geistig schwach, haben keine Initiative und geben sich, als würden sie alles schrecklich anstrengend finden. In der Schule bleiben sie in ihren Leistungen weit unter dem Durchschnitt, und sie haben ein sehr schlechtes Gedächtnis. Trotzdem neigen gerade diese Kinder zu einem ausgesprochenen Widerspruchsgeist, der sie im Gegensatz zu ihrer sonstigen Leblosigkeit in heftige Wut versetzen kann. Ein anderes konstantes Symptom, trotz aller Trägheit, ist ihre Überempfindlichkeit gegen Schmerz. Im Gegensatz zu ihrer Schwerfälligkeit sind sie äußerst empfindlich gegen Geräusche und haben ein sehr scharfes und ausgeprägtes Geruchs- und Geschmacksvermögen. Sie neigen zu anhaltenden und störenden Katarrhen und haben dauernd infizierte, vergrößerte Tonsillen, deren Krypten mit stinkenden Eiterpfröpfen gefüllt sind. Auch hier finden wir vergrößerte Lymphdrüsen und stinkende Ausscheidungen aus der Nase. Es besteht dabei eine Neigung zu Otitis media mit Durchbruch des Trommelfells und eitrigem Ohrenfluß. Werden diese Kinder gezwungen, sich anzustrengen, so geraten sie leicht außer Atem, ja sie bekommen richtige Anfälle von Atemnot und haben Schwierigkeit, durchzuatmen, ohne irgendeinen körperlichen Anlaß. Ein anderes Kennzeichen der Aurum-Kinder ist ihre furchtsame oder schreckhafte Empfindlichkeit gegen Enttäuschungen. Sie sind über alles normale Maß hinaus lange betrübt und hierzu kommt, als weiteres typisches Zeichen, das Seufzen und Schluchzen im Schlaf.

Das Carbo-vegetabilis-Kind

Dem *Aurum* nicht unähnlich erscheint uns *Carbo vegetabilis*. Auch diese Kinder sind sehr träge, aber es handelt sich hier mehr um eine körperliche Trägheit, um das Resultat einer rein körperlichen Schwäche ohne eine Unterentwicklung der geistigen Kapazität. Die Kinder sind langsam im Denken, sie haben eine lange Reaktionszeit, sind leicht entmutigt, und wenn man ihnen zu nahe kommt, werden sie furchtsam. Mit dieser körperlichen Schwerfälligkeit verbindet sich neben der verzögerten Reaktionsfähigkeit eine langsame Zirkulation. Es sind oft ganz gesunde, aber bleiche Kinder, welche bläuliche und kalte Extremitäten haben. Bei Überanstrengung in der Schule bekommen sie einen typischen Hinterkopf-Schmerz. Dieser Hinterkopf-Schmerz tritt auch beim Tragen einer zu engen Kopfbedeckung auf und macht solche Menschen unfähig, zu arbeiten, speziell zu denken oder sich zu konzentrieren. Auch bei diesen Kindern erleben wir heftige Alpträume, und zwar so starke, daß die Kinder Angst haben, ins Bett zu gehen, besonders in der Dunkelheit, obwohl sie am Abend todmüde sind. Die Alpträume sind gekennzeichnet durch Sehen von Geistern, Fratzen und allerlei schrecklichen Bildern. Obwohl diese Kinder mit ihrer trägen Reaktion sehr kalt sind, werden sie nachts sehr heiß und schwitzen leicht, besonders an den Extremitäten, wobei der Schweiß stark sauer riecht. Die langsame Zirkulation dieser Kinder ist häufig von Nasenbluten begleitet, das besonders in der Nacht auftritt. Auch diese Kinder neigen zu Verstopfung. Sie haben Verdauungsstörungen, entleeren große Kotballen und haben Blähungen. Doch sehr oft wird die Verstopfung durch stinkende, wässerige Durchfälle unterbrochen. Bei den Verdauungsstörungen finden wir oft sehr ausgeprägte Abneigung gegen bestimmte Speisen, und andererseits Verlangen nach bestimmten Nahrungsmitteln. Diese Kinder lieben süße Sachen, die ihnen aber nicht bekommen. Sie lieben gewürzte Speisen und naschen gerne Salz. Bei ihrer trägen Verdauung sind sie überempfindlich gegen fette Speisen; sie haben eine ausgesprochene Abneigung gegen Fett und oft auch Widerwillen gegen Milch. Bei all diesen Carbo-vegetabilis-Kindern möchte man annehmen, daß sie ursprünglich nicht so waren, sondern sich erst in der Folge von vorausgegangenen Erkrankungen wie Masern, Grippe, Grippepneumonien oder Keuchhusten so entwickelt haben.

Das Graphit-Kind

Die nächste Gruppe, die wir hier besprechen wollen, wird von dem Heilmittel *Graphit* angeführt. Diese Gruppe zeichnet sich durch ausgeprägte Hauterscheinungen aus. Man ist versucht, an Mittel der vorhergegangenen Gruppen zu denken, die ebenfalls Hauterscheinungen in ihrem Mittelbild haben, wie z. B. *Carbo vegetabilis* mit einem sehr hartnäckigen Kopfekzem, *Calcarea* ebenfalls mit seinem Kopfekzem, oder *Causticum,* das eine Menge von Hauterscheinungen zeigt. Man kann auch an *Sepia* mit seinen hartnäckigen Hauterscheinungen denken. Aber die Graphit-Gruppe hat in ihrer ganzen Krankheitsgeschichte vom Säugling an schon eindeutige Hinweise auf die Haut. Wann immer wir solche durchgehenden Hauterscheinungen in den kindlichen Krankengeschichten beobachten, ist es meist ratsam, zuerst mit *Sulfur* anzufangen. Danach folgen dann, nach speziellen Indikationen, die einzelnen Mittel, wie wir sie bisher besprochen haben und noch weiterhin besprechen wollen.

Das typische Graphit-Kind ist ein fettes, schweres Kind. Gewöhnlich ist es bleich, hat wenig Farbe, ist immer frostig und ständig verstopft. Die Graphit-Kinder sind auffallend müde, sie sind ziemlich elend und zeigen wenig Selbstbewußtsein. Bei den älteren Kindern beobachtet man, daß sie zögern, eine ihnen gestellte Frage zu beantworten. Sie sind träge und haben eine Abneigung zu arbeiten. Auffallend ist dabei ein seltsamer Widerspruch in der Veranlagung der Graphit-Kinder. Mit ihrer Unsicherheit, ihrem Zögern, ihrer Trägheit und der allgemeinen körperlichen Faulheit verbindet sich eine gewisse Ängstlichkeit. Diese Kinder neigen dazu, immer die hoffnungslosere oder schlechtere Lage der Dinge zu sehen. Sie sind daher stets von Sorgen geplagt. Bei Belastungen zeigen die Kinder Zirkulationsstörungen, und statt zu Schweißen neigen sie eher zu störendem Nasenbluten. Charakteristisch für das Nasenbluten ist sein Auftreten nach Anstrengungen. Im Unterschied zu den Calcarea-Kindern, die den Graphit-Kindern sonst nicht unähnlich sind, haben die Graphit-Kinder keine weiße, schweißige Haut, sondern eine trockene, rauhe Haut, die zu Sprüngen (Rissen) neigt, besonders unter dem Einfluß von Kälte, von Wasser und kaltem Wetter, wobei diese gerissenen oder gesprungenen Hautstellen leicht bluten. Während die gesprungenen Finger schnell bluten, scheiden die Hauteruptionen ein dickes, gelbes, seröses Sekret aus. Die Hauteruptionen finden wir bevorzugt in den Falten, hinter den Ohren, in den Augen- und Mundwinkeln, an den Gelenken, in der Ellenbogenbeuge, in den Leisten, an den Handgelenken und besonders um den Anus herum, und hier bilden sich dann schmerzhafte tiefe Fissuren, welche ebenfalls nässen. Die Sekretionen der Hauteruptionen bilden dicke Krusten, die aber darüber verhärten, ohne die Sekretion selbst einzuschränken. Weiterhin neigen die Graphit-Kinder sehr oft zu anhaltenden, blutigen Nasenausscheidungen, zu perforierenden Otitiden, wobei wiederum gelbe, klebrige Sekrete aus dem Ohr fließen, die alle berührten Hautstellen wund machen und heftig reizen. Diese Vorgänge sind begleitet von Schwellungen der Tonsillen, welche ebenfalls stinkende Sekrete absondern. Die Kinder sieht man dann behaftet mit einer chronischen Blepharitis, wobei die Augen morgens meistens ganz verklebt sind. Trotz der kräftig-fetten Erscheinung besteht bei den Graphit-Kindern eine durchgehende Muskelschwäche, die zu schneller Ermüdbarkeit disponiert. Ein merkwürdiges Symptom, und deshalb oft hilfreich, besteht in der Neigung der verstopften Graphit-Kinder zu Abdominal-Krämpfen, welche durch Trinken von heißer Milch gebessert werden. Die Verstopfung ist oft auch dadurch gekennzeichnet, daß den trägen Stuhl größere, klebrige Schleimbildungen umhüllen. Die Graphit-Kinder sind hungrige Kinder und haben immer großen Appetit. Sie bekommen Bauchbeschwerden, wenn sie zu lange auf das Essen warten müssen, und fühlen sich besser durch das Essen. Dabei besteht aber trotz der fetten und wabbligen Erscheinung oft eine deutliche Abneigung gegen „Süß". In der Adoleszenz dieser Graphit-Typen begegnen wir in Abwandlung der Hauterscheinungen hinter den Ohren, an den Augen oder Lippen einer juvenilen Akne. Neben der Abneigung gegen „Süß" besteht eine vielleicht noch ausgeprägtere Abneigung gegen Fisch.

Das Capsicum-Kind

Haben wir Kinder vor uns mit chronischen Ohrleiden, mit chronischen Ausflüssen aus alten Perforationen des Trommelfells, möglicherweise mit einem Ekzem am äußeren Ohr, dann muß außer an *Graphit* noch an ein anderes Heilmittel gedacht werden, und zwar an *Capsicum.*

Auch das Capsicum-Kind ist ein fettes, ziemlich lasches, teilweise verstopftes Kind mit sehr plumpen Bewegungen. Doch haben diese Kinder eher rote Backen, ein Symptom, das aber nicht immer vorhanden ist; hingegen zeichnen sie sich stets durch eine ausgeprägte Vergeßlichkeit aus. Das sind die Kinder, die man mit einem Auftrag fortschickt und die wieder zurückkommen, weil sie den Auftrag vergessen haben. Es ist ein spezieller Mangel an Aufmerksamkeit. Diese Kinder sind immer empfindlich, leicht aufbrausend, leicht gereizt. Hinzu kommt ein ausgesprochenes Heimweh. Die Capsicum-Kinder sind ziemlich dumm, lernen schwer in der Schule, haben ein schlechtes Gedächtnis. Vielleicht ist noch kennzeichnend für die Capsicum-Kinder, daß sie zu umschriebenen Hyperämien neigen. Haben sie eine harmlose Ohrreizung, dann finden wir das ganze äußere Ohr flammend rot; bekommen sie Rheumatismus, welcher nur ein oder zwei Gelenke befällt, so sehen wir auch bei diesen Gelenken eine auffallende umschriebene Rötung. Bekannt sind ja bei den typischen Capsicum-Fällen die Neigung zu Mastoiditis und die heftigen Temperaturen bei den Halsentzündungen, wobei die Kinder sehr durstig sind, nach kalten Getränken verlangen, sich aber schütteln, wenn sie etwas Kaltes genossen haben. Vergesellschaftet mit der Neigung zur Felsenbeinentzündung ist eine allgemeine Überempfindlichkeit gegen Geräusche und Berührung sowie des Geschmacks. Weiterhin begleiten die akuten Entzündungen der Capsicum-Fälle Reizungen im Harnsystem, z. B. akute Cystitis mit brennenden Schmerzen, besonders beim Wasserlassen. Diese Kinder neigen außerdem zu chronischer Heiserkeit.

Das Psorinum-Kind

Wir kommen nun zu *Psorinum*. Die Psorinum-Kinder sind eher schmal als fett; es sind immer kranke Kinder, sie haben wenig Widerstandskraft und sind leicht erschöpfbar. Es sind ziemlich entmutigte und hoffnungslose Kinder, die ängstlich und reizbar werden, wenn sie unpäßlich sind. Sie schauen ungesund aus, machen den Eindruck, schmutzig und ungewaschen zu sein. Die Haut ist trocken, rauh und hat immer irgendwo einige Pusteln. In der Pubertät ist die Haut dann eher fettig, schwitzt aber nie, sieht immer ungesund aus. Dabei sind die Hautverhältnisse der Psorinum-Typen den bei *Graphit* beschriebenen Erscheinungen nicht unähnlich, doch fehlt ihnen das für Graphit so typische honigartige Sekret. Stattdessen finden wir bei den Fissuren mehr stinkende, eitrige oder wässerige Absonderungen, wobei die Haut immer gereizt erscheint. Diese Psorinum-Kinder erleiden richtige Torturen, weil sie einerseits sehr frostig sind und sich in der Kälte immer schlechter fühlen, doch andererseits durch das schreckliche Hautjucken, das sich in der Wärme und im Bett verschlimmert, ebenso wie in der warmen wollenen Kleidung, immer wieder in eine kühle Umgebung ausweichen müssen. Die Hautreizungen der Psorinum-Kinder werden durch Berührung mit Wasser, also durch Waschen und Baden, erheblich verschlimmert. Trotz der dünnen, schmalen Konstitution haben die Psorinum-Kinder einen abnormen Appetit.

Ein typisches Zeichen für *Psorinum* ist der heftige Kopfschmerz, ja das ausgesprochene Kranksein durch Kopfschmerzen, welches durch Übergehen einer Mahlzeit ausgelöst werden kann. Die Hauterscheinungen sind von heftigem Juckreiz begleitet, und wir sehen die Kinder sich buchstäblich blutig kratzen. Auch hier finden wir eine allgemeine Neigung zu Blepharitis. Alle übrigen Hauterscheinungen und ebenso die Mittelohrentzündungen sind den Graphit-Erscheinungen sehr ähnlich, nur fallen die Psorinum-Kinder besonders durch ihre Unruhe auf, die durch das dauernde Kratzen und Scheuern ausgelöst wird. An dieser Stelle wäre noch ein Hinweis am Platze: *Psorinum, Antimonium crudum, Natrium muriaticum, Sulfur* und *Thuja* erscheinen erfahrungsgemäß für die Behandlung von Asthmakranken, denen eine unterdrückte Hautkrankheit nachgewiesen werden kann, eher geeignet als *Graphit,* obwohl KENT gerade *Graphit* für solche Fälle besonders hervorhebt. *Psorinum* hat in seinem Arzneimittelbild eine ausgeprägte Frühjahrsverschlimmerung und empfiehlt sich besonders, im anfallsfreien Zeitpunkt gegeben, zur Verhütung von Heufiebererkrankungen. Im akuten Anfall von Heufieber kann *Psorinum* nicht mehr wirken. Dem *Psorinum* in seinen Hauterscheinungen nicht unähnlich und vollkommen ähnlich in bezug auf die Verschlimmerung durch Waschen ist *Antimonium crudum.*

Das Antimonium-crudum-Kind

Die Antimon.-crudum-Kinder sind immer fett, ziemlich übergewichtig, gewöhnlich bleich und haben eine eigenartige Rötung um die Augen, oft auch feuchte Ekzeme hinter den Ohren, sind ebenfalls reizbar und furchtsam, wobei die Furchtsamkeit in demselben Maße zunimmt, je mehr man sie anschaut und beobachtet. Das sind die Kinder, welche sofort anfangen zu schreien, wenn der Arzt an ihr Bett herantritt und sie anschaut, wobei jeder Versuch, ihnen zärtlich oder tröstend zu begegnen, das Schreien verschlimmert. Auch die Antimon.-crudum-Kinder erleben Alpträume, sind dann ärgerlich und reizbar, und je mehr die Mutter sich um sie bemüht, desto heftiger werden sie, selbst wenn sie herumgetragen werden. Auf der anderen Seite sind die Antimon.-crudum-Kinder leicht beeindruckbar, feinfühlend, schnell aus der Fassung zu bringen, brechen in Tränen aus bei den geringsten seelischen Belastungen, z. B. schon wenn sie sich berührt fühlen, werden dabei blaß und können sogar in Ohnmacht fallen. Die Hauterscheinungen von *Antimon. crudum* sind zusammengefaßt die typische Impetigo contagiosa. Wie schon erwähnt, verschlimmern sich die Hauterscheinungen durch jegliche Wasseranwendung und werden schmerzhaft und entzündlich gereizt durch alle Arten von strahlender Wärme. Zuckende Bewegungen lassen oft an eine akute Chorea denken. Typisch für diese Kinder sind besonders die Warzen an den Fingern, entweder nur 1 oder 2 kleine, oder große Mengen von Warzen, die meistens flach sind und kaum schmerzhaft. Vergesellschaftet mit der Neigung zu Warzenbildung finden wir häufig deformierte Nagelbildungen mit Verdickungen und ein ungesundes Aussehen. Weiterhin typisch bei den Antimon.-crudum-Kindern sind die Verdauungsstörungen und Magenbeschwerden als Folge von Säuregenuß (saure Früchte, saure Getränke). Charakteristisch ist hierbei eine dickbelegte, weiße, wie gekalkte Zunge. Soweit die Hauterscheinungen in Betracht kommen, ist *Antimon. crudum* dem *Petroleum* nicht unähnlich.

Das Petroleum-Kind

Doch die Petroleum-Kinder besitzen eine ganz andere Reizbarkeit als die vorher besprochenen, sie sind mehr querköpfig, widerborstig und geraten leicht in Wut. Noch deutlicher ist ihre leichte Verletzlichkeit, ihre Neigung, schnell beleidigt zu sein. Geistig beweglicher als die anderen Kinder, sind sie in der Schule trotzdem nachlässig, unaufmerksam und vergeßlich, besonders empfindlich gegen Geräusche, die sie nicht verstehen, die sie sich nicht erklären können. Diese Kinder fühlen sich nie wohl in einer Menge von Menschen und werden im Gedränge sehr nervös. Mit den vorigen Typen *(Antimon. crudum* und *Psorinum)* haben sie die Empfindlichkeit gegen Kälte gemeinsam. Auch die Hauterscheinungen bei *Petroleum* bestehen vorwiegend aus Fissuren und Rissen der Gelenkbeugen, der Fingerspitzen, der

Lippen, der Nasenöffnungen, des Afters und aus Ekzemen hinter den Ohren mit feuchten, krustenbildenden Absonderungen und viel Jucken. Doch zum Unterschied von den durch *Sulfur* ausgelösten Hauterscheinungen liegt die Verschlimmerung der Reizbarkeit bei den Petroleum-Erscheinungen mehr in der Tageszeit. Die Petroleum-Kinder erkälten sich sehr leicht und leiden dann besonders unter akuten Nasenerkrankungen mit wundmachenden Sekreten, Krustenbildungen, Blutungen, wobei die Krusten oft von den Nasenöffnungen rundum bis zur Oberlippe sich erstrecken. Hierbei treten dann Katarrhe der Tuba Eustachii mit Schwerhörigkeit und in die Ohren ausstrahlende Schmerzen auf. Die Ohrenentzündungen neigen zu Perforation, zu Gehörgangsekzembildungen mit wundmachenden und die Umgebung rötenden Sekreten. Auffallend sind vielleicht das Jucken der Augen und die geröteten Lidränder, wobei besonders der innere Canthus Risse bildet und von hier aus weitere Entzündungen bis in den Tränenkanal hinein fortlaufen, welche zu Abscessen des Tränenkanalsackes führen können. So kann man aus dem Tränensack auf Druck Eiter entleeren, welcher seinerseits gern eine Conjunctivits unterhält. Bei diesen Infekten von Nase, Ohren und Hals sind sehr häufig die Submaxillardrüsen vergrößert. Die Petroleum-Kinder haben häufig Blasenreizungen und sehr oft auch eine Enuresis, aber mehr als Ausdruck einer akuten Cystitis von sehr heftigem Charakter. Ein weiterer Zug im Bild der Petroleum-Kinder ist die Neigung zu Darmkoliken und Durchfällen bei Erkältungen, wobei After und Darm entzündlich verändert sind (rot, rauh) und brennen. Ganz charakteristisch ist die Rissebildung an der Haut der Hände, besonders aber an den Fingerspitzen, die sehr empfindlich und schmerzhaft bei Berührung sind, leicht bluten und an kalten Herbst- und Wintertagen aufspringen. *Petroleum* hat seine charakteristische Verschlimmerungszeiten im Herbst und zu Anfang des Winters. Andere typische Erscheinungen sind die Verschlimmerung durch Bewegung, die Neigung zu See- und Reisekrankheit, sowie ein typischer Hinterkopfschmerz bei geistiger Anstrengung. Dieser Hinterkopfschmerz kann uns unter Umständen das Auseinanderhalten der beiden Mittel *Petroleum* und *Tabacum* bei der Neigung zu Seekrankheit erleichtern.

Das Pulsatilla-Kind

Die nächste Gruppe der Mittel könnte man die warmblütigen Mittel nennen. Hier steht an erster Stelle *Pulsatilla.* Nun, die Pulsatilla-Kinder sind in ihren typischen Erscheinungen wohl allgemein bekannt. Es sind zarte, feine Kinder mit hellen und dünnen Haaren, feiner Haut, unausgeglichener Zirkulation, Neigung zum Erröten bei jeglicher Erregung, wonach sie aber dann schnell wieder blaß werden, ausgesprochen scheu, empfindsam, immer affektiv, leicht zu führen und immer entgegenkommend. Es gibt aber noch einen zweiten Typ von *Pulsatilla,* der etwas fetter erscheint, mit etwas dunklerem Haar, besser durchblutet, aber träge in der Reaktion und mit größerer Neigung zu weinen, nicht so aufgeweckt und heiter wie der schlanke Typ, anschmiegsamer und noch mehr nach liebevoller Zuwendung verlangend. Beiden gemeinsam ist ihre Empfindlichkeit gegen Hitze. Sie sind schlapp bei warmem Wetter, verlieren ihre Lebhaftigkeit, ihren Witz und ihre Energie, lassen sich dann gehen, werden weinerlich oder reizbar und neigen zu Verdauungsstörungen. Der Wechsel von Kalt nach Warm ist es, der Anfälle akuter Erkrankungen auslöst. Unterkühlung bei heißem Wetter verursacht bei ihnen Durchfälle, Blasenentzündungen und Ohrenschmerzen. Diese Erkältungen bei warmem Wetter kann natürlich auch der Genuß von Eis auslösen. Vor allem verschlimmert jede reichliche fette Ernährung (Widerwillen gegen Schweinefleisch). Die Sekretionen bei den Pulsatilla-Kindern sind mild. Alle Beschwerden, ob Kopfschmerz, Schwindel, Augenentzündungen oder Nasenkatarrh, bessern sich immer in der frischen Luft und werden schlimmer im warmen Raum. Andererseits, im Gegensatz dazu, werden die häufigen Conjunctivitiden der Pulsatilla-Kinder durch kalten Luftzug schlimmer, und die Tränen fließen in der frischen Luft wie Wasser. Typisch für die Pulsatilla-Kinder sind häufige Lidrandreizungen juckender Art mit Hordeolumbildung besonders am unteren Augenlid. Weitere eigenartige Symptome sind die Ohrenschmerzen, die, obwohl durch Erkältung zugezogen, von kalten Anwendungen besser werden. Charakteristisch dabei ist der Ohrenschmerz, der einen sprengenden Charakter hat und über die ganze Seite des Gesichtes und Halses sich ausdehnt; das ältere Kind beschreibt diesen Schmerz, als wolle das Ohr auseinanderplatzen, und als drücke etwas fest auf das Trommelfell. Die Pulsatilla-Kinder sind besonders beeindruckbar durch Erzählungen von Geschichten gruseliger Art, wie von den Hinweisen auf den Schwarzen Mann, auf den bösen Hund und Ähnliches, die alle geeignet sind, in der Dunkelheit heftige Furcht und in der Nacht Alpträume auszulösen. Auf *Pulsatilla* weist auch das Symptom Schwindel durch Aufwärtsblicken. Hier kommt *Argentum nitr.* mit in die engere Wahl, aber *Argentum nitr.* hat noch mehr Schwindel durch Abwärtsblicken. Ein weiteres Kennzeichen für *Pulsatilla* kann das (nicht immer vorhandene) Hochlegen der Arme über den Kopf im Schlaf sein.

Das Kalium-sulfuricum-Kind

In unmittelbarer Nachbarschaft zu *Pulsatilla* steht als heißes Mittel *Kalium sulfuricum,* von welchem KENT sagte, es wäre „das intensivere *Pulsatilla*". *Kalium sulfuricum* hat mit *Pulsatilla* die Reaktion auf äußere warme Temperaturen gemeinsam, d. h. die Kinder sind empfindlich gegen Hitze und werden mutlos und schlapp bei heißem Wetter, können die schwüle Atmosphäre nicht vertragen, fühlen sich besser in der frischen Luft, bekommen Blutstauungen, wenn sie gezwungen sind, still zu stehen, und fühlen sich daher bei der Bewegung besser. Generell besteht Verschlimmerung durch fette, reichliche Speisen und Empfindlichkeit bei Wetterwechsel. *Kalium sulfuricum* ähnelt mehr dem schweren trägen Typ von *Pulsatilla.* Hierbei ist die Muskulatur schwächer, und das Kind ermüdet schneller durch muskuläre Anstrengung. Aus diesem Grunde versteht man auch, daß die Kalium-sulfuricum-Kinder allgemein träge reagieren und gern herumsitzen. Verstopfung ist regelmäßiger vorhanden als bei *Pulsatilla.* Die Pulsatilla-Kinder mögen leichter erregbar sein und schneller aufflammen in ihrer Erregung, aber das alles nur für eine beschränkte Zeit. Die Kalium-sulfuricum-Kinder sind viel eigensinniger oder gar halsstarriger. Die Pulsatilla-Kinder sind eher schüchtern und scheu, wogegen die Kalium-sulfuricum-Kinder mehr zum Mangel an Selbstvertrauen neigen, es ist bei ihnen nicht Schüchternheit. Dafür sind sie fauler, der Arbeit abgeneigt und zeigen nicht den Eifer und das Interesse, wie wir es bei den Pulsatilla-Kindern vorfinden; ferner sind sie nicht so aufgeweckt und heiter und gescheit, sie werden schneller müde durch geistige Anstrengungen, wogegen die Pulsatilla-Kinder durchweg bessere Schüler sind. Hinwiederum ist beiden gemeinsam die Furcht vor der Dunkelheit, der Schrecken vor fremden Geräuschen und vor fremder Umgebung. Allgemein ist das typische Kalium-sulfuricum-Kind leichter für Krankheiten anfällig. Ganz typisch ist die gelblich belegte Zunge, oft nur in der Mitte, der Belag kann sich aber auch über die ganze Zunge ausbreiten, wobei zusätzlich noch ein Unterschied in der Art der Sekrete bei beiden Mitteln besteht. Die typischen Pulsatilla-Ausscheidungen sind dick, cremeartig und nicht reizend, wogegen die Sekrete bei *Kalium sulfuricum* wässerig, zäher und gelber sind. Für die akuten Magenerscheinungen, Koliken und Durchfälle eignet sich eher *Pulsatilla.* Kommt es aber bei einer Gastritis zu einer Gelbsucht, dann ist *Kalium sulfuricum* besser indiziert. Erkältet sich der Typ des Pulsatilla-Kindes, bekommt dabei eine Bronchitis, und die Bronchitis geht in eine Bronchopneumonie mit den typischen Pulsatilla-Symptomen über (z. B. Verschlimmerung durch warmen Raum, Besserung durch frische Luft, Gefühl, ersticken zu müssen, dabei unter Umständen Stimmverlust, äußerst trockener Mund ohne ausgesprochenen Durst, wobei dann gelbes, wässeriges Sputum auftritt und besonders die linke untere Lunge Verdichtungen zeigt), dann wird man von *Kalium sulfuricum* bessere Wirkungen zu erwarten haben. Dies gilt auch beim Keuchhusten der Pulsatilla-Kinder mit vielem Rasseln in der Brust und den üblichen Pulsatilla-Modalitäten, wobei ebenfalls *Kalium sulfuricum* Besseres zu leisten vermag. An dieser Stelle wäre noch zu bemerken, daß bei *Pulsatilla, Kalium phosphoricum, Phosphor* und *Antimon. crudum* auch in chronischen Fällen mittlere Potenzen recht gute Dienste leisten, während *Calcium carbonicum* und *Graphit* immer die C 200 und höher verlangen.

Das Sulfur-Kind

Wir kommen nun zu *Sulfur.* Bei *Sulfur* kann man unter Umständen 2 Typen differenzieren. Im allgemeinen ist das Sulfur-Kind ein ziemlich gut genährtes, gut gewachsenes Kind, meist mit einem großen Kopf. Es bietet für gewöhnlich einen ziemlich gesunden Anblick mit etwas schwerfälligen und vielleicht linkischen Bewegungen. Es hat meist dicke Haare von heller Farbe. Die Haut neigt zu Rauhigkeit, besonders unter dem Einfluß von kaltem Wind; ziemlich oft finden wir rote Hände und rote Füße und auch auffallend rote Lippen und Ohren, wobei häufig auch die Lidränder gerötet sind. Diese geröteten Lider haben häufig unterentwickelte Wimperbildungen und neigen zu wiederholten Blepharitis-Schüben mit borkigen Belägen, welche ihrerseits wieder den Mangel an Wimpern fördern. Das sind etwa die Züge des gewohnten Sulfur-Typs; ihm gegenüber steht ein anderer Sulfur-Typ, der schlanker und schmalbrüstig entwickelt ist, mit ziemlich spindeldürren Beinen, vergrößertem Bauch und weniger gerötetem Kolorit; er hat dabei eine rauhere Haut und neigt nicht leicht dazu, zu schwitzen wie der erstere Typ, sondern hat eine trockenere Haut, die gerne aufspringt und Risse bildet an den unbedeckten Teilen; das ganze Kind erscheint weniger gesund. Es hat weniger Vitalität, es ist schneller ermüdet, kann schlechter stehen und sieht eher elend aus. Der dicke Sulfur-Typ neigt zu Streitsucht, ist unleidlich, kritisch, nörgelt leicht, ist unzufrieden, alles mißfällt ihm, er fühlt sich nicht ausreichend gewürdigt und ist dabei träge. Aber es ist manchmal schwer zu sagen, ob er wirklich faul ist, oder ob es ihm nur an der Ausdauer fehlt, da er sehr schnell bei Anstrengungen ermüdet. Der dünnere Sulfur-Typ dagegen ist elend, geistig nicht so beweglich, viel weniger vital, besitzt aber dieselbe Abneigung, von anderen sich etwas sagen zu lassen, neigt dazu, leicht zu weinen, liebt Komfort, hat aber noch weniger Ausdauer, ist noch schneller erschöpft und kann kaum eine Zeitlang stehen. Allen Sulfur-Typen gemeinsam ist ein ausgesprochen guter Appetit, und sie sind sehr bestimmt in dem, was sie wünschen und ablehnen. Die Sulfur-Patienten lieben geschmackvolle Speisen, die raffiniert und gut gewürzt zubereitet sein sollen. Dabei überwiegt ein Verlangen nach süßen Sachen. Man begegnet manchmal Patienten, welche angeben, daß sie gerne salzen, aber hier steht mehr das Verlangen nach gewürzten Speisen im Vordergrund und nicht so sehr das ausgeprägte Salzverlangen, wie beim Natrium-muriaticum-Typ. Bei den Sulfur-Typen werden außergewöhnliche Speisen bevorzugt, dabei ist allen gemeinsam die Müdigkeit nach dem Essen; sie fühlen sich schwer und schläfrig, haben das Verlangen, sich hinzulegen, und werden gereizt, wenn man sie dabei stört. Sulfur-Kinder bekommen öfters Verdauungsstörungen nach Milchgenuß; der Säugling wird sogar krank, bekommt Durchfall und Erbrechen von der Milch. Diese Milchüberempfindlichkeit wird allerdings bei dem Arzneimittelbild von *Sulfur* häufig vergessen. Über allen Erscheinungen steht als führendes Syptom bei den Sulfur-Typen die Empfindlichkeit der Haut, und es gibt praktisch keinen Sulfur-Patienten, in dessen Krankengeschichte die Hautsymptome fehlen, wobei es typisch ist, daß die Hauterscheinungen sich verschlimmern durch jegliche Art von Wärme, im warmen Zimmer, im warmen Bett, durch warme Kleidung oder durch Sonnenwärme. Bestehen Hautreizungen, so bessern sie sich gewöhnlich durch Kratzen. Auch die Nachtverschlimmerung, unabhängig von der Wärme, ist ein durchgehender Zug bei *Sulfur. Sulfur* hat alle Hauterscheinungen, die wir in der Dermatologie kennen, wobei sie sich allein durch den ständigen Juckreiz und die Wärmeverschlimmerung von anderen ähnlichen Erscheinungen unterscheiden. Die Sensationen auf der Haut, ihre Reizerscheinungen werden mit den ausgefallensten Analogien geschildert. Ein weiterer typischer Sulfur-Zug ist, daß sämtliche Körperöffnungen gereizt, gerötet, erhitzt sein können und immer jucken. Trotz der Wärmeverschlimmerung haben die Sulfur-Kinder mit *Mercur* gemeinsam eine unstete Zirkulation, wobei Anfälle von Hitzewallungen und Schweißausbrüchen mit Frösteln abwechseln können. So ist es dann auch auffallend, daß die Sulfur-Kinder — besonders bei fieberhaften Erkrankungen — durch das Zudecken sich schnell zu heiß und unbehaglich fühlen, sie stoßen die Decken dann von sich; bekommen sie aber nur einen Luftzug über den Kopf, so frösteln sie sofort. Ein weiterer durchgehender Zug bei *Sulfur* ist die Verschlimmerung sämtlicher Beschwerden durch Baden. Oft sind die Calcarea-Kinder der äußeren Erscheinung nach den Sulfur-Typen recht ähnlich, aber sie sind nicht so heißblütig, sondern eher kälteempfindlich, und was sie vor allem von letzteren unterscheidet, ist die Neigung zu Mitesserbildung über der Stirn. Trotz aller Warmblütigkeit finden wir bei den Sulfur-Kindern oft genug bei heißem Kopf kalte Hände, oder heiße Hände und kalte Füße, oder sie haben heiße Füße und kalten Kopf, oft sogar kalten Kopfschweiß, und zeigen so eine allgemeine Störung in der Verteilung von Hitze und Kälte am Körper. So kommt es auch vor, daß wir ein Sulfur-Kind antreffen mit kalten Füßen und nicht mit dem typischen Zeichen, das bei *Sulfur* so häufig vorkommt: „Der Patient streckt die heißen Füße aus dem Bett oder sucht kühle Stellen." Typisch für *Sulfur* ist auch eine gewisse Müdigkeit; dabei bessert Bewegung und eine gewisse Anregung, z. B. durch Gesellschaft, in welcher die Patienten, vorher noch träge und uninteressiert, plötzlich wach werden und sich wandeln können, daß man sie fast nicht mehr wiedererkennt. Konstant bei den Sulfur-Kindern ist wohl die Verstopfung, damit verbunden ein vergrößerter Bauch, oft eine dicke Leber, abnormer Appetit, die schon erwähnte Schläfrigkeit nach dem Essen und eine Neigung zu Koliken. Das trifft allerdings mehr für den dickeren Typ zu, bei den dünneren Typen gibt es eher Anfälle von Diarrhöen, auch chronischer Durchfall kann mit typischen Sulfur-Modalitäten auftreten, wobei der Patient morgens gegen 4 bis 5 Uhr aus dem Bett getrieben wird und stinkende Stühle entleert. Hier, beim Geruch angelangt, muß man das andere typische Sulfur-Symptom erwähnen: alle Ausscheidungen, alle Ausschläge, alle Schweiße stinken, und es ist schwer, ein Sulfur-Kind ganz sauber zu bekommen. Trotz der Schläfrigkeit während des Tages, wie wir sie bei den dicken und trägen Sulfur-Kindern antreffen, begegnen wir oft einer Schlaflosigkeit bei Nacht; der Schlaf ist sehr oberflächlich und nicht selten schreckhaft unterbrochen, wobei Träume von Feuer oder Ähnlichem eine Rolle spielen. Andererseits können die Kinder, nachdem sie nur schwer zum Schlafen zu bringen waren, mit hellem Lachen aufwachen. Die Sulfur-Kinder werden reizbar, müde, traurig und bekommen Kopfschmerzen, wenn sie auf ihre Mahlzeit warten müssen; außerdem besteht Hungergefühl morgens gegen 11 Uhr und neben dem guten Appetit auch sehr viel Durst (trockener und heißer Mund). Unter den akuten Erkrankungen, bei welchen Sulfur angezeigt ist, herrschen speziell die Hautkrankheiten vor, aber *Sulfur* ist auch angezeigt bei akuten Hordeoli mit starker Reizung, Hitze und Brennen der Lidränder, wobei besonders die Anwendung von Wasser, das Baden und die Wärme verschlimmern.

Hier möchte ich als Zwischenbemerkung einschalten, daß das Brennen bei allen Sulfur-Empfindungen vorherrscht (wie bei *Phosphor, Arsen, Carbo veg., Causticum, Capsicum* und *Cantharis).* Bei Kindern mit chronischem Nasenfluß, mit unangenehmem Geruch und geröteten, juckenden Nasenöffnungen muß man immer wieder an *Sulfur* denken. Chronische Mandelentzündungen mit tiefrotem Hals, starken Schwellungen, brennendem Hitzegefühl und stinkendem Atem verlangen ebenfalls *Sulfur.* Diese Mandelentzündungen sind begleitet von ausgedehnten Lymphdrüsenschwellungen. Bei Erkrankung der Lungen, aber nicht nur hier, besteht eine ausgeprägte Empfindlichkeit gegen Sauerstoffmangel; schwüle Atmosphäre, stickige Luft werden einfach nicht ertragen. Der Sulfur-Patient verlangt in jeder Jahreszeit und bei jeder Art von Erkrankung, das Fenster weit zu öffnen, obgleich er im Luftzug leicht fröstelt. Die Lungenaffektionen befinden sich in der Mehrzahl auf der linken Seite. Bei kindlicher Gelbsucht, besonders bei der akuten katarrhalischen Form mit Überempfindlichkeit gegen Milch, ist *Sulfur* wohl am häufigsten angezeigt. Der dünne Sulfur-Typ neigt mehr zu rheumatischen Erscheinungen, wobei die akuten schmerzhaften Zustände schlechter sind bei Wärme, besser werden durch Kälte, sehr viel besser durch Bewegung trotz der anfänglichen Schmerzen bei der ersten Bewegung; die betroffenen Gelenke erscheinen auffallend rot, und es ist nicht selten, daß der rheumatische Schub durch Baden oder Schwimmen in der See ausgelöst worden ist. Ein nicht ständig vorhandenes, aber häufiges Verlangen nach Fett besteht sowohl bei Kleinkindern wie besonders in der Adoleszenz, wobei es sich um das Verlangen nach heißem Fett, Bouillon oder Roastbeef handelt. Das Verlangen nach Butter steht außerhalb dieser Betrachtung, denn auch die Pulsatilla-Patienten, die im übrigen eine entschiedene Abneigung gegen Fett haben, lieben Butter, ja sogar Mayonnaise; was sie aber ablehnen, ist das Fleischfett und speziell das heiße Fett. Eine nicht geringe Zahl von Pulsatilla-Patienten kann kaltes Fett vertragen, schüttelt sich aber vor heißem Fett, nicht aber vor Butter (selbst in größeren Mengen). Was oft bei der Wahl von *Sulfur* helfen kann, ist die fast verliebte Freude an dem, was die Sulfur-Kinder ihr eigen nennen. Die Spielzeuge der Sulfur-Kinder sind für sie immer die besten, die es gibt. Die Sulfur-Kinder halten ihre Familie für die beste von allen, kurzum, alles, was die Sulfur-Kinder besitzen, steht über jedem Vergleich. Hinzu kommt noch ein seltsames, aber sicheres Gefühl für den Wert des Geldes. Dieses Gefühl ist schon beim Kleinkind sehr ausgeprägt. Hier sei noch ein Hinweis erlaubt: die dickeren Pulsatilla-Kinder reagieren oft gut auf *Sulfur;* die schlanken Pulsatilla-Typen sind meist auch kälteempfindlicher, frostiger und neigen mehr zu *Silicea* oder *Phosphor.*

Das häufigste Antidot für *Sulfur* wird wohl *Belladonna* sein, andererseits können *Aconit* und *Sulfur* sich nicht nur folgen, sondern ebenso wechselseitig ersetzen (*Aconit* ist das akute Sulfur).

Das Thuja-Kind

Eingangs erwähnten wir schon die Ähnlichkeit der geistig-seelischen Symptome bei *Pulsatilla* und *Thuja.* Obwohl *Thuja* kein warmblütiges Mittel darstellt, wollen wir es trotzdem an dieser Stelle einordnen. Die Thuja-Kinder sind sehr feinfühlend, leicht verletzbar, besonders empfindlich gegen fremde Menschen, sehr empfänglich für Freundlichkeiten und Zuneigung, überaus gewissenhaft und gefühlsmäßig leicht aus der Fassung zu bringen und ausgesprochen empfindlich gegen Musik. Diese Überempfindlichkeit gegen Musik finden wir auch bei einem nicht geringen Prozentsatz von geistig zurückgebliebenen Kindern. Diese Kinder werden erregt durch die Musik und können sogar zu Tränen gerührt sein. Damit gepaart ist eine gewisse Traurigkeit oder gar Niedergeschlagenheit. Unabhängig hiervon besteht eine seltsame Widersprüchlichkeit in dem Wesen dieser Kinder, da wir andererseits auch sehr lebhafte und aktive und ungemein interessierte Kinder darunter finden, die aber seltsamerweise eine gewisse Zurückhaltung bzw. ein Zögern im Sprechen zeigen, wobei echte Wortfindungsstörungen auftreten. Diese Wortfindungsstörungen hinterlassen dann den Eindruck einer scheinbaren Verzögerung der geistigen Entwicklung, während die Kinder in Wirklichkeit den Wortbildungen nachjagen. Eine Weiterentwicklung in dieser Richtung führt dann zu einer deutlichen Abneigung gegen das Sprechen; die Kinder sind schweigsam und erscheinen schwerfällig. Ihre Körperbildung ist schlank und zart, sie haben häufiger blonde Haare als dunkle. Der auffallendste Zug in der körperlichen Entwicklung ist die sehr schlechte

Zahnbildung (Unregelmäßigkeiten in der Entwicklung und früher Zerfall), wobei der Zahnschmelz in erster Linie von der Störung betroffen ist. Die Thuja-Kinder fühlen sich wohler in der frischen Luft, sind aber gleichzeitig sehr kälteempfindlich, besonders gegen feuchte Kälte, Nebel und Regen. Die Verschlimmerungszeit ist der Morgen. Sie schwitzen leicht und haben im übrigen eine fettige Haut, wobei besonders die dunkelhaarigen Thuja-Typen zu einer öligen Hautbildung neigen. Chronische Katarrhe sind hier vorherrschend, Katarrhe mit dickem, eitrigem, gelbgrünem Nasenfluß, mit Krustenbildung in der Nase und leichtem Bluten. Hierher gehört auch die chronische Otitis media mit der Neigung, das Mastoid zu befallen. Ein anderer bezeichnender Zug der Thuja-Kinder ist ihre träge Verdauung mit chronischen Reizungen des Coecums bei Stagnation und auffallender Füllung der rechten Fossa iliaca. Dazu gehören gleichzeitig wiederholte Anfälle von Durchfall. Die Thuja-Durchfälle sind sehr charakteristisch; sie bestehen in farblosen, schmierigen, meist fettigen Stühlen, die sich mit sehr viel Blähungen entleeren; dabei ist ein deutliches Gurgeln im Bauch zu vernehmen. Charakteristisch für die Thuja-Typen ist ihre Neigung zu Warzenbildung; die Warzen sind weich, bluten leicht bei Berührung, besonders wenn daran gestoßen wird. Genauso bekannt bei *Thuja* ist das Schwitzen an unbedeckten Körperstellen. Magenkatarrh und Durchfall treten besonders gern nach Genuß von Zwiebeln auf. Bei den größeren Kindern in der Adoleszenz sehen wir häufig dazu noch eine Empfindlichkeit gegen Tee. Bekannt ist der gute Einfluß von *Thuja* auf alle Leiden, welche infolge vorausgegangener Impfungen entstanden sein könnten. Hier würde sich nun zunächst als kaltes Mittel *Silicea* anschließen, aber wir wollen erst die warmblütigen Mittel zu Ende behandeln. Es folgen an dieser Stelle die *Bromsalze,* welche offensichtlich viel zu wenig angewendet werden.

Das Brom-Kind

Die Brom-Typen sind alle irgendwie zu fett, meist hellhäutig und blond, von freundlicher, heiterer und glücklicher Wesensverfassung. Im Widerspruch dazu steht die Neigung dieser Brom-Kinder, leicht aus der Fassung zu geraten, wobei sie eine hitzige Röte befällt. Auch die Brom-Kinder werden leicht nervös, ängstlich, fürchten sich am Abend, ähnlich wie die Pulsatilla-Kinder. Sie scheuen den Heimweg in der Dunkelheit und leiden unter der Vorstellung, es würde ihnen jemand folgen. Bei aller Ähnlichkeit mit *Pulsatilla* sind die Brom-Kinder nicht ganz so verweint, leiden dafür mehr unter Traurigkeit im Sinne von Depression. Typisch für die Brom-Konstitution ist die über Gesicht, Schulter und Rücken verteilte Pickel- und Akne-Bildung. Auch die Brom-Kinder leiden unter der Hitze der Sonne, fühlen sich im warmen Raum nicht wohl, fühlen sich besser bei Bewegung, ja sogar bei Anstrengung und vor allem in der frischen Luft. Im Gegensatz zu den

Pulsatilla-Kindern fühlen sich die typischen Brom-Patienten wohler nach dem Essen, während die Pulsatilla-Typen nach dem Essen sehr träge werden. Trotz der Besserung in der frischen Luft besteht eine generelle Empfindlichkeit gegen Zugluft, wobei die einen Typen von Brom-Kindern zu chronischen Nasen-Rachenkatarrhen, die anderen zu akuten Heufieberanfällen neigen. Die katarrhalischen Typen haben dabei chronische Vergrößerungen der Mandeln und der Submaxillardrüsen, welche aber nicht zu Einschmelzungen neigen. Hier finden wir dann die ganz ausgeprägte Disposition zu Kiefer- und Stirnhöhleneiterung mit intensiver Schmerzbildung, wobei ein Gefühl der Völle und des Verschwollenseins über dem Nasenrücken besteht. Die Nase fühlt sich wie verstopft an, wobei es viel Mühe kostet, die Nase frei zu bekommen; wenn sie sich dann entleert, fließt dicker, gelber Eiter ab. Hierbei beobachtet man häufig eine angeschwollene, entzündete und gerötete Oberlippe. Diese Kinder mit den vergrößerten Mandeln neigen zu Kehlkopfkatarrhen mit einem typischen Kitzelreiz im Rachen, mit heftigen spastischen Hustenanfällen bis zur Atemnot, welche aber durch kalte Getränke sich bessern. Dabei besteht oft ein Druckgefühl bis zum Gefühl des Eingeschnürtseins am Halse, und diese Brom-Typen sind dann sehr empfindlich gegen Berührung. Unabhängig von diesen Anfällen des spastischen Kehlkopfhustens finden wir bei den Brom-Kindern mit den vergrößerten Mandeln sehr häufig eine ausgeprägte rauhe Stimme. Auf der anderen Seite gibt es Brom-Kinder, deren Tonsillen weniger stark vergrößert sind und die häufiger Anfälle von Heufieber bekommen, aber eigenartigerweise erst im Juni, also sehr viel später als im allgemeinen üblich. Vor Juni, und das ist typisch für die Brom-Kinder, erleben wir keine Anfälle, trotz der bestehenden Überempfindlichkeit der Schleimhäute gegen staubige Luft. Dem Heufieber nicht unähnlich ist bei diesen Kindern die Neigung zu typischen Asthmaanfällen mit auffallender Störung beim Schlucken. Bei den dicken und fetten Typen mit den vergrößerten Mandeln besteht weiterhin eine Bereitschaft zu Muskelrheumatismus, welcher nicht selten zu nachfolgenden Herzkrankheiten führt. Bei den Herzstörungen sind aber weniger die Herzklappen befallen, wie es beim Rheumatismus sonst üblich ist, sondern vielmehr die Muskulatur des Herzens mit Herzmuskelvergrößerung und einem typischen Engegefühl über der Brust und dem Gefühl des Zusammenziehens am Herzen. Diese stenocardischen Beschwerden werden speziell durch Zugluft und Winde ausgelöst.

Das Jod-Kind

Den Brom-Typen wollen wir nun die Jod-Kinder gegenüberstellen. Diese haben ganz allgemein eine dunklere Haut, dunkle bis schwarze Haare und sind von einer ausgeprägten Ruhelosigkeit beherrscht. Sie sind schmal und fallen dadurch auf, daß sie sich weder im Zimmer noch sonstwo ruhig verhalten können, daß sie auf- und abgehen, sich im Zimmer dauernd bewegen und eine nervöse Unruhe an den Tag legen. Sehr charakteristisch ist ihre große Reizbarkeit, welche sich ganz unerwartet, grundlos, mitten im Spielen, aus heiterem Himmel heraus in einem heftigen Ausbruch zeigen kann. Heftigkeit, Plötzlichkeit und Reizbarkeit sind die typischen geistigen Kennzeichen der Jod-Konstitutionen. Nach einem heftigen gereizten Ausbruch folgt schreckliche Niedergeschlagenheit, ohne Tränen, mit Schweigen und Uninteressiertheit an allen Dingen. Hinzu kommt ein außergewöhnlicher Appetit. Die Kinder sind vor dem Essen, beim Essen und bald nach dem Essen hungrig, ja sie sind geradezu erschöpft und bekommen heftige Kopfschmerzen, wenn sie zu lange auf das Essen warten müssen. Wie alle warmblütigen Typen sind auch die Jod-Kinder überempfindlich gegen jeglichen Einfluß von Wärme. Trotz des großen Appetits, trotz der häufigen und reichlichen Mahlzeiten bleiben die Jod-Kinder schlank und setzen kein Gewicht an. Wie bei den Brom-Kindern besteht auch bei Jod-Typen eine Neigung zu Nasen- und Nebenhöhlenkatarrhen mit wässerigem, reizendem Sekret und dem Druckgefühl über dem Nasenrücken, ferner eine Neigung zum Niesen und Tränen der Augen. Diese häufigen Katarrhe können auch hier zu Asthmaanfällen führen, Asthmaanfällen mit der typischen Besserung in frischer Luft. Gleichzeitig kann man eine gewisse Schwerhörigkeit als Folge chronischer Tubenkatarrhe beobachten. Auch die Jod-Kinder neigen zu Heiserkeit, schmerzhaften Rachenkatarrhen mit spastischen Kehlkopfhustenanfällen, die äußerst schmerzhaft sind, wobei diese Kinder in den Anfällen eine auffallend heiße und trockene Haut bekommen. Hierbei tritt eine große Ängstlichkeit auf, wie wir sie nur noch bei *Arsen* finden. Aber die Arsen-Typen unterscheiden sich durch ihre Frostigkeit und ihre Schweißbildung von den Jod-Kindern, die kühle, frische Luft verlangen und eine trockene, heiße Haut haben. Außerdem neigen die Jod-Typen infolge ihres großen Appetits zu Verdauungsstörungen mit Durchfällen und schaumigen, fetten, weißlichen Stühlen. Tabes-mesaraica-Attacken und vergrößerte Mesenterialdrüsen gehören hierher, wobei Leber und Milz ohne Blutserumveränderungen vergrößert sein können. Pankreas-Störungen mit den typischen fettigen Stühlen und Harnzuckerbildung vervollständigen das Bild.

Unter den Jod-Kindern ragt ein Typ heraus mit auffallend hellroten Wangen, mit stärkerer Durchblutung im Gesicht und mit besonderer Neigung zu rheumatischen Erscheinungen, die durch Bewegung besser und durch Wärme verschlechtert werden. Scharfe, stechende Schmerzen sind charakteristisch, und die dabei auftretenden Herzerscheinungen bestehen in einer trockenen Pericarditis mit akuten, scharfen Herzschmerzen. Hier finden wir auch die Ausnahme von der Modalität „Besser durch Bewegung“, weil hier bei den Herzwandentzündungen jegliche Bewegung das Erscheinungsbild verschlechtert. Differentialdiagnostisch kommt hier *Bryonia* in Frage.

Beide Mittelbilder werden schlechter durch Wärme, schlechter durch Bewegung, doch fehlt den Jod-Patienten die typische Bryonia-Zunge und der intensive Durst nach großen Mengen kalten Wassers. Auch sind die Jod-Typen aufgeweckter und nicht so benommen und träge wie Bryonia-Typen. Ferner fehlt bei *Bryonia* der auffallende Hunger, ja es besteht hier sogar eher eine Abneigung gegen das Essen.

Bei aller Ähnlichkeit mit Brom-Typen kann man die dunkelhaarigen Jod-Kinder gut unterscheiden. Man könnte sie eher mit Sulfur-Typen verwechseln, aber den Jod-Kindern fehlt die typische Anfälligkeit und Reizbarkeit und der intensive Juckreiz, die wir bei *Sulfur* kennengelernt haben. Es bleibt noch zu erwähnen, daß den rheumatischen Schüben oft Durchfälle vorausgehen.

Das Abrotanum-Kind

An dieser Stelle nur einige wenige Bemerkungen über das hier einzuordnende *Abrotanum.* Es wird behauptet, daß die kongenitale Pylorusstenose ein ausreichender Hinweis für die Anwendung von *Abrotanum* sei; d. h. es handelt sich um erschöpfte Kinder mit grauer, faltiger Haut, bei denen die angehobene Hautfalte stehenbleibt, mit dürren Beinen, mit verhungertem Eindruck bei reizbarem, ärgerlichem und ängstlichem Wesen. Die verzögerte Nabelheilung bei den mageren Abrotanum-Kindern mit Verlust an Vitalität gehört ebenfalls auf das Konto der Unterernährung. Ein zweiter Abrotanum-Typ des älteren Kindes ist das hungrige Kind mit enormem Appetit, ebenfalls schlank, mit der Neigung zu Durchfällen, die mit rheumatischen Schüben abwechseln können. Die rheumatischen Beschwerden treten besonders in der Nacht auf und werden bei den ausgesprochen frostigen Kindern durch Kälte und Feuchtigkeit erheblich verschlimmert.

Das Acidum-fluoricum-Kind

Das letzte warmblütige Mittel, das wir hier noch erwähnen müssen, ist *Acidum fluoricum.* Es handelt sich wieder um hellhaarige und hellhäutige Typen. Die Kinder sind den Silicea-Kindern nicht unähnlich, sie sind ziemlich schlank und untergewichtig, besitzen ein zartes Skelettsystem und haben ein weiches und nachgiebiges Wesen. Die Acidum-fluoricum-Kinder haben nichts von der Reizbarkeit der Silicea-Kinder, sind überhaupt erstaunliche Patienten und haben eine eigenartige Freude am Leben; die einfachsten Dinge bereiten ihnen übergroße Freude. Ähnlich wie die Silicea-Kinder werden sie durch geistige Konzentration leicht müde, bekommen Schulkopfschmerzen und sind nicht besonders intelligent. Am außergewöhnlichsten an diesen Kindern erscheint die unmotivierte, plötzliche Neigung zu unvernünftigem Haß. Wir sehen Besserung der Beschwerden bei körperlicher Anstrengung, Spiele tun ihnen gut und heitern sie auf, während das Silicea-

Kind davon eher müde wird. Beiden gemeinsam wiederum ist das auffallend schlechte Stehvermögen. Durch längeres Stehenmüssen werden die Kinder ohnmächtig oder bekommen Kopfschmerzen oder ermüden auffallend *(Sulfur)*. Auch die Acidum-fluoricum-Kinder haben gewöhnlich einen guten Appetit, oft Hunger zwischen den Mahlzeiten, und beim Übergehen von Mahlzeiten bekommen sie Kopfschmerzen. Hierher gehört auch der Hungerschmerz um Mitternacht, der diese Menschen aufweckt, sie nicht mehr schlafen läßt, bis sie eine Kleinigkeit zu sich genommen haben. Trotz des guten Appetits bleiben die Acidum-fluoricum-Kinder immer auffallend dünne, schlanke Erscheinungen. Diese Kinder verlangen stark gewürzte Speisen und raffinierte Zubereitung. Gleichzeitig bekommen sie Kopfschmerzen durch Verstopfung und ganz besonders durch zu langes Zurückhalten des Urins. Auch haben sie eine fehlerhafte oder gestörte Zahnentwicklung, selten gesunde Zähne, frühen Schmelzverfall und häufige Fisteln und Abscesßbildungen am Zahnfleisch. Hierher gehört auch die Bildung von ungesunden, brechenden und splitternden Fingernägeln. Stinkender Fußschweiß, rote schweißige Hände mit Hitze und Brennen sind weiterhin charakteristisch, ebenso eine trockene, rote, rissige Zunge. Akute Gastritis, Verdauungsstörungen mit Durchfällen, Neigung zu Gelbsucht und Verschlimmerung durch heiße Getränke (besonders der Durchfälle) gehören genauso hinzu wie die Reaktionen mit hohem Fieber bei akuten Krankheiten und große Hitzebildung bei gleichzeitiger Unverträglichkeit von Zudecken des Körpers mit dem Bettzeug. Diese Kinder kollabieren leicht in der Schule, meist infolge der kongestiven Kopfschmerzen bei geistiger Konzentration, machen leicht Schreibfehler, verwechseln Worte und Buchstaben und fallen durch Mangel an Konzentration auf. Sie kommen müde aus der Schule und klagen über Taubheitsgefühle in den Armen, ohne daß ein Hinweis für einen verursachenden Druck auf die Extremitäten gefunden werden kann. Bei den durchfälligen Kindern entstehen dann schnell perianale Reizungen mit schmerzhaften Fissuren. Wir haben hier praktisch das Bild der warmblütigen *Silicea,* mit Besserung durch Bewegung und Kälte, mit einer glücklichen, zufriedenen Wesensbildung. Bevor wir zu den mehr nervösen Mitteln, die von *Arsen* angeführt werden, übergehen, noch einige vergleichende Hinweise. Neben *Acidum fluoricum* haben Verschlimmerung der Durchfälle durch heiße Getränke: *Lycopodium, Argentum nitr.* und *Secale. Acidum fluoricum,* das warmblütige *Silicea,* unterscheidet sich von der hier in näheren Vergleich kommenden *Pulsatilla* dadurch, daß die Pulsatilla-Typen eine schwerere, vielleicht auch kräftigere Gestalt haben und außerdem körperlich wie seelisch viel weicher veranlagt sind. Die Pulsatilla-Kinder ermüden bei Anstrengung, während die Acidum-fluoricum-Typen dadurch eher angeregt werden; während die Pulsatilla-Typen im kalten Wasser frösteln und sich verschlimmern, weckt ein kaltes Bad die Acidum-fluoricum-

Typen geradezu auf. Auch die Temperamentsausbrüche bei *Acidum fluoricum* sind von einer unvergleichlichen Plötzlichkeit und Heftigkeit. Hier könnte man zu der Auffassung kommen, daß *Acidum fluoricum* viel mehr *Phosphor* ähnlich ist als *Pulsatilla.*

Das Arsen-Kind

Nun kommen wir zum *Arsen.* Die Arsen-Kinder sind vielleicht die interessantesten Typen. Sie sind immer sehr hochgespannt, gewöhnlich von feinem Körperbau, mit zarter Haut, feinen Haaren und bemerkenswertem Gesichtsausdruck. Sie sind immer sehr nervös, leicht aus der Fassung zu bringen, sehr furchtsam, alles Ungewöhnliche oder Unbekannte setzt sie in Furcht, sie fürchten sich, allein zu Hause zu bleiben, allein wegzugehen, haben Angst vor der Dunkelheit, und all dies mit einer erstaunlichen, lebhaften Einbildungskraft vergesellschaftet. Diese Kinder wachen mitten in der Nacht auf, entsetzt, verängstigt, springen aus dem Bett, wandern durch das Haus und versuchen, mit jemand zu sprechen, oft ohne zu wissen, was eigentlich los ist, und hinterlassen dabei den Eindruck von Menschen, auf welchen die Ahnung von schrecklichen Ereignissen lastet. Nimmt man diese Kinder mit ruhigen Worten zu sich oder gar in sein Bett, dann lassen sie sich leicht beruhigen und schlafen wieder ein. Trotz des zarten Aussehens machen die Kinder immer einen ruhelosen Eindruck, immer haben sie etwas zu tun, nehmen etwas auf, legen es wieder weg, verweilen nie lange bei einem Gegenstand oder bei einer Person. Die eben angeführte Ruhelosigkeit und Aktivität dauern nur kurze Zeit, während welcher die Kinder zufriedener und glücklich beschäftigt sind. Dann tritt, vielleicht infolge der zu großen geistigen Aktivität, eine plötzliche Erschöpfung ein, die Kinder werden bleich, müde, legen sich nieder, sind oft sehr traurig, und in diesem Stadium kommt die nervöse Furcht auf; die Angst, krank zu werden, läßt sie die Nähe irgendeines Menschen suchen. Ein anderer, ganz typischer Zug der Arsen-Kinder sind die außergewöhnliche Ordnungsliebe und peinliche Sauberkeit. Beides darf bei der Indikation von *Arsenicum* nicht fehlen. Die Arsenicum-Kinder erkälten sich leicht, besonders durch Einwirkung von kalter Luft, wobei typische Erscheinungen auftreten. Der übliche Beginn ist ein Schnupfen mit scharfem wässerigem Sekret, sehr heftigen Niesanfällen und baldiger Ausbreitung der Erkältung in die Brust hinab. Oft entwickelt sich schon 24 Stunden nach dem Schnupfen eine Bronchitis. Häufig entsteht zwischen dem Schnupfen und der Bronchitis eine Heiserkeit. Hiervon unterscheidet sich ein zweiter Verlauf ohne Heiserkeit und ohne Bronchitis mit mildem Sekret in der Nase, aber plötzlichem Auftreten von Asthma bronchiale. Das typische Arsen-Asthma ist ein Anfall mit großer Enge um die Brust und trockenen, krampfhaften Bronchialattacken. Diese Asthmaanfälle erscheinen häufiger am frühen Nachmittag zwischen 13 und 15 Uhr oder früh am Morgen, manchmal auch um Mitternacht. Lassen die Atemnotanfälle nach, dann verschwindet die Trockenheit auf der Brust, in den Bronchien füllen sich die Schleimhäute mit Schleim auf und entleeren ein weißes, zähes Sputum. Außer Schnupfen und Asthma bekommen die Arsenicum-Kinder durch Kälteeinwirkung ebenso leicht Verdauungsstörungen. Diese Verdauungsstörungen in Form von akuter Gastritis können aber auch durch den Genuß von wasserhaltigen Früchten ausgelöst werden. Die Gastritis geht dann sehr leicht in eine Diarrhoe über. Trotz der großen Frostigkeit haben die Arsenicum-Kinder großen Durst und verlangen nach kalten Getränken, doch müssen wir daran denken, daß gerade kalte Getränke die Störungen im Verdauungstraktus erheblich verschlimmern, wie überhaupt der Genuß von Eis und Eiscreme im Sommer bei den Arsenicum-Kindern die Magen- und Darmbeschwerden verursachen und auslösen kann. Bei den akuten Magen- und Darmbeschwerden bestehen gewöhnlich starke Schmerzen, die durch alle Arten von warmen Anwendungen, innerlich wie äußerlich, erleichtert werden. Diese zarten Arsenicum-Kinder werden besonders durch die Durchfälle schnell entkräftet und neigen in wenigen Stunden schon zum Kollaps. In diesem Kollaps sind sie unruhig, aufgeregt, ängstlich, und jede Stuhlentleerung, auch noch so kleiner Mengen, erschöpft sie sofort; die Kinder sehen dann grau aus, sind kalt und mit Schweiß bedeckt. Doch nach Arsen-Gaben erholen sich die Patienten fast genau so schnell, wie umgekehrt plötzlich und unerwartet aus voller Gesundheit heraus die Magen- und Darmkrankheiten auftreten können.

Generell sind die Arsenicum-Kinder überempfindlich gegen alles, besonders gegen Gerüche, Berührung, Geräusche und Anstrengungen. Gerüche machen sie krank, Geräusche machen sie nervös, und Anstrengungen sind oft die Ursache für Alpträume. Belastungen in der Schule führen zu periodischen Kopfschmerzen, wobei die Perioden des Wiederauftretens 7 oder 14 Tage sein können. Diese Kopfschmerzen können von einem Tag bis zu drei Tagen dauern und erschöpfen die Kinder vollkommen. Es handelt sich um migräneartigen Kopfschmerz mit Unverträglichkeit von Licht, Geräusch und Störungen jeglicher Art. Hier begegnen wir einem Widerspruch im Arsenicum-Bild, insofern die kongestiven Kopfschmerzen nach kühlen oder kalten Anwendungen verlangen. Diese kalten Anwendungen werden aber nur am Kopf selbst vertragen und führen dann auch zur Besserung der Kopfbeschwerden.

Arsenicum empfiehlt sich weiterhin bei chronischen Hautkrankheiten, weniger bei akuter Dermatitis. Die eindeutigste Indikation hierbei ist der Wechsel von Asthma und Hauterscheinungen, ebenso der Wechsel von Asthma und Durchfall. Diese Wechselzustände von Krankheitserscheinungen finden wir aber meist erst im Adoleszentenalter. Das ganze Wesen der überspannten, nervösen, reizbaren und empfindsamen Arsenicum-Kinder läßt sogleich an *Chamomilla* denken. Trotz aller Ähnlichkeit in den Erscheinungen sind die Mittel sowohl wie die Kinder selbst deutlich auseinanderzuhalten.

Das Chamomilla-Kind

Chamomilla erzeugt eine fast unglaubliche Überempfindlichkeit. Möglicherweise sind die Chamomilla-Schmerzen die intensivsten, die wir kennen, und die Reaktion der Chamomilla-Typen auf die zu ertragenden Beschwerden ist typisch und eindeutig. Wahnsinnige Wut, große Ärgerlichkeit, daß die Erscheinungen nicht sofort aufhören, sind die Antworten dieser überempfindlichen Wesen. Das ungemein ruhelose Kind geht von einer Person zur anderen, ist aber mit jedem Menschen unzufrieden, zu dem es geht, verläßt ihn daher gleich wieder, ja schlägt sogar nach ihm. Das Chamomilla-Kind, das ebenso überempfindlich gegen Geräusche wie der Arsenicum-Typ ist, bekommt in der folgenden Nacht keinen Alptraum, aber wir finden es geradezu rasend sich herumwerfen, wobei es sofort anfängt zu strampeln und zu schreien, wenn es gestört wird, also eine ganz andere Reaktion als bei dem leichter zu beruhigenden Arsenicum-Kind. Das Chamomilla-Kind bessert sich durch Herumgehen, noch eindeutiger, wenn es herumgetragen wird. Es ist niemals ruhig, ist mit nichts zufrieden, wirft die Spielsachen von sich und weiß nicht, was es will. Die schlimmste Zeit für all diese überreizten Erscheinungen ist um 21 Uhr, das Kind schläft nicht ein, wenn man es ins Bett legt, und beruhigt sich erst (oft sogar von selbst) um Mitternacht. Bekannt sind ja die Schwierigkeiten beim Zahnen dieser Chamomilla-Kinder; hierbei ist eine Wange gerötet, das betroffene Zahnfleisch entzündlich aufgetrieben und überempfindlich gegen warme Anwendungen. Auch warme Räume werden schlecht ertragen. Die Verschlimmerungszeit ist auch hier in der Zeit vor Mitternacht; Besserung durch kalte Anwendungen. Weiterhin besteht eine große Neigung zu Darmkoliken mit Windauftreibungen im Bauch, die aber durch warme Anwendungen gebessert werden und zu grüngefärbten Durchfällen führen können. Im Gegensatz zu den Arsenicum-Kindern kann man die Chamomilla-Kinder noch zu den warmblütigen Typen zählen; sie bekommen leicht einen heißen Kopf, brennend heiße Füße, die sie aus dem Bett strecken, und sehr oft warme Schweiße. Die Chamomilla-Kinder machen den Eindruck von ungezogenen Kindern und geraten leicht aus reiner Wut in ein konvulsivisches Stadium mit blauem Gesicht. Diese Konvulsionen als Ausdruck der geradezu explosiven Nervenverfassung sind auch unter dem Zahnen zu beobachten. Sehr heilsam ist *Chamomilla* auch bei der akuten Otitis media. Hierbei haben wir dann die ganze Skala der Reizbarkeit vor uns, wie wir sie schon kennen. Es handelt sich oft um Erkältungsfolgen bei schmalen Kindern. Ohne die große Reizbarkeit ist *Chamomilla* nie angezeigt. In Nachbarschaft zu *Chamomilla* steht *Cina*.

Das Cina-Kind

Oft ist *Cina* angezeigt, wo wir gewohnt sind, *Chamomilla* zu geben. Aber der charakteristische Unterschied besteht schon in den geistigen Symptomen. *Chamomilla* ist unstet, *Cina* eigensinnig und halsstarrig. Die umschriebene Wangenröte von *Chamomilla* sehen wir auch bei *Cina,* aber hier fällt noch ein fahles, bleiches Gebiet um Nase und Mund herum auf. Die Cina-Kinder sind viel friedfertiger und fallen dadurch auf, daß sie besonders nach Entleerungen oder Erbrechen sofort nach Essen verlangen und hungrig sind. Bekommen die Cina-Kinder abends zu spät eine Mahlzeit, so genügt dies, um bei ihnen einen Pavor nocturnus auszulösen. Der Chamomilla-Durchfall ist typischerweise grün, der Cina-Stuhl ist dagegen wässerigweiß, wobei Druck auf den Bauch bei *Cina* die Leibbeschwerden bessert, so daß die Cina-Kinder sich bei Koliken schon von selbst auf ihren Bauch legen. Das Cina-Kind ist ein frostiges Kind, sehr empfindlich gegen Zugluft und neigt nach Anstrengungen zu ungeordneten Muskelzuckungen, besonders im Gesicht. Ein weiteres Charakteristicum der schon älteren Cina-Kinder ist ihre schreckliche Empfindlichkeit und Unfähigkeit, einen Scherz zu ertragen, weil sie alles auf sich beziehen. Ein ausgefallenes Symptom für *Cina* ist ein dauernder Zwang zu gähnen, u. zw. so häufig und so ungewöhnlich stark, daß dabei das Kiefergelenk subluxiert wird. Dazu kommt noch das bekannte Symptom, daß die Cina-Kinder dauernd an der Nase zupfen oder in der Nase bohren, was ein Hinweis für Wurmbefall sein soll.

Das Magnesium-carbonicum-Kind

Der Grund, warum nach *Cina* hier *Magnesium carb.* besprochen wird, liegt in dem beiden Mitteln gemeinsamen Symptom: Durchfälle mit weißen Stühlen. Allgemein ist das Magnesium-carb.-Kind ein sensitiver, nervöser Typus. Kennzeichnend ist das Fehlen von Ausdauer und Widerstandsfähigkeit. Es hat weiche, schwache Muskeln und ist keinen großen körperlichen Anstrengungen gewachsen. Ähnlich ist auch die geistige, seelische Reaktion; die Schulkinder sind schnell erschöpfbar und kommen mit heftigen neuralgischen Kopfschmerzen aus der Schule heim — Kopfschmerzen, welche gerne nachts beginnen und die Kinder schlaflos machen, wobei Aufstehen und Herumgehen eine gewisse Besserung der Beschwerden bringen. Alle Magnesium-carb.-Kinder haben ein ausgesprochenes Verlangen nach Fleisch und eine große Abneigung gegen Gemüse und Salat. Hinzu kommt eine Unverträglichkeit von Milch, welche saures Erbrechen macht und zu pastösen, farblosen, unverdauten Stühlen führt. Diesen unverdauten Stühlen folgen dann häufig wässerige Stühle mit starkem Wundsein der Analgegend. Nicht selten werden die akuten Durchfälle von Bronchitiden begleitet, welche in den weiteren Stadien zu Bronchopneumonie führen. Weiterhin kennzeichnend für die Magnesium-carb.-Kinder sind eine ausgesprochen trockene und schuppige Haut und besonders kupferfarbene, schuppige Eruptionen auf der Kopfhaut. Diese Eruptionen findet man vor allem bei Säuglingen und Kleinkindern. In der Adoleszenz begegnen wir bei den Kindern einer hochgradigen Müdigkeit und Unausgeschlafenheit am frühen Morgen, auch wenn eine ungestörte, ausreichende Nachtruhe vorausging. Nach heißen Speisen oder Getränken beobachtet man plötzliche Hitzewallungen und Rötungen mit Schweißen im Gesicht und am Kopf. Wetterfühligkeit (besonders der Wechsel des Wetters wird deutlich empfunden) sowie Empfindlichkeit gegen Kälte runden das Bild ab, wobei zu beachten ist, daß trotzdem eine Besserung in der frischen Luft besteht. Die Magnesium-carb.-Bronchitis zeichnet sich durch ein überaus zähes, klebriges Sputum aus, das kaum aus dem Mund herausgebracht werden kann. Dieses Symptom ist dem bei *Kalium bichromicum* nicht unähnlich.

Das Ignatia-Kind

Ein weiteres nervöses Mittel ist *Ignatia,* in der Homöopathie oft genug als „Mittel für hysterische Frauen" unangebrachterweise festgelegt. Es zeigt sehr günstige Heilungseffekte auch bei den hochentwickelten, nervösen, empfindsamen, geistig beweglichen, ja kapriziösen Kinder, die gute Schulleistungen aufweisen, aber in Anbetracht ihres empfindlichen Nervensystems leicht überfordert werden. Die erste Indikation für *Ignatia,* besonders bei Schulkindern, ist ein nervöser Kopfschmerz, welcher besonders am Abend oder nach einer Reihe von Anstrengungen auftritt. Diese Kinder werden leicht zittrig, wenn sie überfordert werden; sie haben dann einen angespannten oder angestrengten Gesichtsausdruck, welcher in einem weiteren Stadium, besonders beim Sprechen, zu Grimassenbildung führen kann. Hierbei besteht dann eine echte Sprach- und Artikulationsstörung. „Himmelhochjauchzend, zu Tode betrübt" ist wohl die beste Etikettierung des Ignatia-Typus. Hinzu kommt schon beim Kleinkind eine (keinem anderen Mittelbild vergleichbare) Überempfindlichkeit gegen Geräusche. Die Geräusche können als so störend empfunden werden, daß die Kinder in Wut geraten und in Tränen ausbrechen. Danach ist das Kind unfähig zu arbeiten, als würde das Hirn nicht mehr funktionieren; es kann nichts mehr aufnehmen, kann nicht mehr denken und kann sich an nichts mehr erinnern. Zum Unterschied von anderen kongestiven Kopfschmerzen, welche gern nach der Schule auftreten, bessern beim Ignatia-Kind heiße Anwendungen. Sind die nervösen Funktionen bei diesen Kindern einmal gestört, dann werden sie schreckhaft, fürchten sich vor der Belastung eines Examens, verlieren die Nerven, leben in ständiger Furcht, etwas Unangenehmem zu begegnen, fürchten sich, aus eigener Initiative etwas zu tun, wobei gleichzeitig alle Arten von Verdauungsstörungen auftreten, und hier finden wir dann die typischen hysterischen Magenverstimmungen von *Ignatia,* wo selbst die Diät noch stören kann, im Widerspruch dazu aber oft schwerste Speisen oder Unverdauliches gut vertragen werden. Diese Störungen begleiten auch akute Halsentzündungen; deren Schmerzen werden aber durch feste Speisen gelindert, wie auch ganz allgemein Druck bessert. Obwohl die Ignatia-Kinder, wie schon erwähnt, geistig aufgeweckte, ja erfolgreiche Typen sind, so haben sie doch immer Angst, sich zu blamieren, suchen bei sich selbst die Fehler, leiden unter unangebrachter, schamhafter Selbstbescheidung und neigen aus diesem Grund zu Melancholie und Niedergeschlagenheit. Hierher gehört auch die Neigung zu spastischer Bronchitis, zu spastischen Kehlkopfattacken, die seltsamerweise auch wieder zur unpassendsten Zeit und unmotiviert auftreten können. Die Besserung durch Druck erstreckt sich auch auf die akuten rheumatischen Schmerzen, wie wir sie nach Infekten bei den Ignatia-Patienten finden können. Zum Abschluß schließt sich an *Ignatia* zwanglos *Zincum* an.

Das Zincum-Kind

Auch die Zincum-Kinder sind sehr nervös, empfindlich und reizbar, doch bei weitem nicht so aufgeweckt und schnell reagierend wie die Ignatia-Kinder; das typische Zincum-Kind hat vielmehr eine lange Reaktionszeit. Es ist langsam in seiner Auffassung, langsam bei der Beantwortung von Fragen, ausgeglichener als ein Ignatia-Kind und auch fügsamer. Hierzu paßt auch die verzögerte Allgemeinentwicklung, besonders aber die verzögerte Pubertät. Die Kinder machen allgemein einen körperlich und geistig müden, ja matten, wenn nicht leidenden Eindruck, und in seltsamem Gegensatz dazu sind sie gleichzeitig ruhelos und können Hände und Füße nie ruhig halten. Ermüdete Zincum-Kinder klagen über anhaltende Schmerzen der unteren Cervicalregion, Schmerzen, welche oft auf der rechten Seite brennend den Rücken herunterlaufen. Wadenkrämpfe nachts im Bett sind bekanntlich für *Zincum* ein führendes Symptom. Frostigkeit, Empfindlichkeit gegen Kälte und die Neigung zu Augenentzündungen bei jeder Erkältung, chronische Blepharitis, chronische Conjunctivitis mit ungewöhnlicher Photophobie runden das Zincum-Bild ab. Auch hier besteht wie bei *Ignatia* eine Überempfindlichkeit gegen Geräusche, aber von speziellerem Charakter, u. zw. handelt es sich hier um die Empfindlichkeit gegen das gesprochene Wort. Wie bei anderen Mitteln so gehören auch zu *Zincum* in der Kindheit generalisierte Hauterscheinungen und nach der Adoleszenz eine Neigung zu choreatischen Erscheinungsbildern. Abschließend sei noch der Hunger um 11 Uhr vormittags erwähnt und der Hinweis, daß die Zincum-Kinder ihre Nahrung herunterschlingen und nicht kauen.

II. Repertorium

Symptomenregister

A

Abdomen s. „Bauch“	
Abendessen, zu spätes, macht Pavor noct.	Cina
Abends furchtsam, nervös, ängstlich	Bromum
Abends, nach einer Reihe von Anstrengungen leicht Kopfweh	Ignatia
Abends Kopfschweiß	Silicea
Abmagerung	Abrotanum Calc. phos. Tuberculinum
Abmagerung, Hunger	Abrotanum Jodum
Abneigung, die eigenen Freunde treffen zu wollen, lässig	Sepia
Abneigung, die eigenen Freunde treffen zu wollen, Menschenscheu	Bar. carb.
Abneigung gegen Arbeit, negativistisch	Sepia
Abneigung gegen Arbeit, träge	Graphites
Abneigung gegen Essen überhaupt	Bryonia
Abneigung gegen Fett (überempfindlich)	Carbo veg.
Abneigung gegen Fisch, ausgeprägte	Graphites
Abneigung gegen Fleisch	Calc. carb.
Abneigung gegen Gemüse und Salat	Magn. carb.
Abneigung gegen Heißes, ausgesprochene	Calc. carb.
Abneigung gegen Milch	Silicea
Abneigung gegen Schweinefleisch (s. auch unter „Speisen“!)	Pulsatilla
Abneigung gegen Sprechen, findet Worte schwer	Thuja
Abneigung gegen Süßes, ausgeprägte	Causticum
Abwärtsbewegung verschlimmert (sehr kennzeichnendes Führungssymptom)	Borax
Abwehrende Wut	Natr. mur.
Adoleszenz, morgens trotz ausreichenden Schlafes Müdigkeit und Unausgeschlafenheit	Magn. carb.
Adoleszenz, nach der — choreatische Erscheinungsbilder	Zincum
Adoleszenz verzögert	Zincum

Affektiv leicht zu führen, immer entgegenkommend	Pulsatilla
After brennt, rauh, nach Erkältungsdurchfall	Petroleum
Aftergegend stark wund nach Durchfall	Magn. carb.
Afterreizung, Afterfissuren nach Durchfall	Magn. carb.
Ängstlich, ärgerlich, reizbar, verhungert, dünne Beine	Abrotanum
Ängstlich, bei Dunkelheit ins Bett zu gehen	Calc. carb.
Ängstlich, nervös und schreckhaft bei Müdigkeit und Schläfrigkeit	Calc. carb.
Ängstlichkeit, gewisse	Graphites
Ängstlichkeit, große	Ars. alb.
Ängstlichkeit, furchtsam	Bar. carb. Natr. mur.
Ärgerlichkeit, extreme, daß Krankheitserscheinungen nicht sofort aufhören	Chamomilla
Ärgert sich, wenn er gehänselt wird, haßt das	Calc. carb.
Akne juvenil., an Augen oder Lippen, hinter Ohren	Graphites
Akne, Schulter, Rücken, Gesicht	Bromum
Aktivität, ruhelos wechselnd, kurzfristig	Ars. alb.
Alpträume s. „Pavor nocturnus“	
Analekzem	Graphites
Angina-anfällig, und hohes Fieber dabei	Petroleum
Angst bei Alleinsein	Sepia
Angst bei Dunkelheit	Calc. carb. Calc. phos. Phosphorus
Angst bei Dunkelheit, will aber nicht berührt oder geführt werden	Sepia
Angst, krank zu werden, sucht Menschengesellschaft	Ars. alb.
Angst, sich zu blamieren (geistig aufgeweckt)	Ignatia
Anlehnungsbedürftig an Menschen, Appetit gering, Durst groß	Ars. alb.
Ansprechbarer, anziehender Kindertyp	Ars. alb.
Anstrengung, Bewegung und frische Luft bessern	Bromum
Anstrengung, — dazu gezwungen —, leicht außer Atem, Anfälle von Atemnot, kann nicht gut durchatmen — ohne körperlichen Anlaß	Aurum
Anstrengung, geistige, macht typ. Hinterkopfweh	Petroleum
Anstrengung, kleinste, macht sehr heiß, „dämpfig“	Calc. carb.
Anstrengung macht, durch Schweiß dabei, leichte Erkältung	Calc. carb.
Anstrengungsreihe, nach — abends leicht Kopfweh	Ignatia
Anstrengung, sehr empfindlich gegen —	Ars. alb.

Anstrengungen ermüden sofort	Pulsatilla
Anstrengungen möbeln auf, regen an	Acid. fluor.
Antidot für Sulfur	Belladonna
Antworten auf Fragen immer zögernd	Graphites
Antworten langsam, Auffassung langsam	Zincum
Appetit ausgesprochen gut, Bauch und Leber dick, Patient verstopft	Sulfur
Appetit außergewöhnlich	Jodum
Appetit enorm, dünne, schmale Kinder	Psorinum
Appetit enorm, Neigung zu Durchfällen (evtl. im Wechsel mit Rheumaschüben)	Abrotanum
Appetit groß	Graphites
Appetit gut, Hungerschmerz um Mitternacht	Acid. fluor.
(Arme im Schlaf über den Kopf gelegt	Pulsatilla)
Arme: Parästhesien und Ermüdung nach der Schule ohne örtlichen Befund an den Extremitäten	Acid. fluor.
(Artikulation s. auch „Sprache“)	
Artikulationsschwierigkeiten, dadurch erschwertes Sprechenlernen	Natr. mur.
Artikulationsschwierigkeiten, leicht —, grimassiert nach Anstrengung	Ignatia
Arzneibilder mit „Furcht und Schrecken“, eigentliche „Nervenmittel“	Ars. alb.
	Chamomilla
	Cina
	Ignatia
	Magn. carb.
	Stramonium
	Zincum
Asthmaanfall mit Schluckstörung	Bromum
Asthma-Durchfall-Vikariation (Adoleszenten)	Ars. alb.
Asthma, Frühjahrsverschlimmerung, Heufieber usw.	Psorinum
Asthma: plötzliche Brustenge, krampfhafte Bronchialattacken von 13—15^{h} gehäuft, manchmal frühmorgens oder um Mitternacht, Nachlassen mit zähem, weißem Sputum	Ars. alb.
Asthma mit typ. Besserung in frischer Luft	Jodum
Asthma nach unterdrückten Hauterscheinungen (eher geeignet als Graphit!)	Ant. crud.
	Natr. mur.
	Psorinum
	Sulfur
	Thuja
Atem stinkend (Tonsillitis chronica)	Sulfur

Atemnot, leichte, wenn gezwungen, sich anzustrengen, ohne körperlichen Anlaß, Schwierigkeit durchzuatmen	Aurum
Aufbrausend, Empfindlichsein	Petroleum
Auffassung langsam, Antworten langsam	Zincum
Aufgeweckt-lebhaft	Jodum
Aufgeweckt-lebhaft, schlanker Typ	Pulsatilla
Aufmerksamkeits-Mangel (Aufträge vergessend)	Capsicum
Aufmerksamkeits-Mangel (nachlässig)	Petroleum
Auf- und Abgehen, nervöse Unruhe	Jodum
Aufwachen mit hellem Lachen (bei Einschlafstörung)	Sulfur
Aufwachen mitten in der Nacht, aufgeregtes Umherlaufen, wie Schreckliches ahnend	Arsenicum
Aufwachen normal (heiter) — Kind spielt	Cypripedium
Aufzug-(Lift-)fahren abwärts höchst unangenehm	Borax
Auge: akutes Hordeolum mit großer Reizung	Sulfur
Auge: Blepharitis mit Borken, Wimpernverlust	Sulfur
Auge: entzündet bei jeder Erkältung	Zincum
Auge: morgens verklebt, Blepharitis	Graphites
Augenbindehautentzündung, chronische, mit ungewöhnlicher Lichtscheu (s. auch Conjunctivitis)	Zincum
Augenbindehautentzündung durch Tränensackeiterung	Petroleum
Augentränen und Niesen, Neigung zu —	Jodum
Augenumgebung eigenartig gerötet, juckend	Ant. crud.
Augenumgebung: Risse am inneren Canthus	Petroleum
Augenwinkel-Ekzem	Graphites
Ausbrüche, grundlose, mitten im Spiel, danach Niedergeschlagenheit	Jodum
Ausdauer fehlt, nervös-eruptiv	Magn. carb.
Ausdauer mangelnd	Calc. carb.
Ausdauer wenig (dünner Typ)	Sulfur
Ausscheidungen stinken alle	Sulfur
Aussehen schmutzig, ungewaschen, ungesund	Psorinum
Autofahren macht leicht schwindlig und krank	Calc. carb.
Autokrankheits-Neigung	Bar. carb. Borax Petroleum Tabacum
Autokrankheit	Cocculus

B

Backen auffallend hellrot, Rheumatiker, Pericarditis-Neigung	Jodum

Backen auffallend rot	Capsicum
Backen: die eine rot, die andere blaß	Chamomilla
Bauch, legt sich auf den-, bei Leibweh	Cina
Bauch: rechte Fossa iliaca auffällig stark gefüllt, Coecum chronisch gereizt, Obstipation	Thuja
Bauch ziemlich dick	Calc. carb.
Bauch und Leber dick, Appetit groß, Obstipation	Sulfur
Bauchweh- und Tenesmen-Neigung	Mercur
Beeindruckbar, beeinflußbar, leicht aus der Fassung zu bringen	Ant. crud.
Beine dünn, reizbares ängstliches Wesen, ärgerlich, verhungert wirkend	Abrotanum
Beleidigt, schnell-, querköpfig, widerborstig, leicht in Wut	Petroleum
Belladonna: Antidot für	Sulfur
Beobachten aus einer Ecke, abwehrende Wut vorher	Natr. mur.
Berührung bedeutet emotionale Belastung, unter Umständen bis zur Ohnmacht	Ant. crud.
Berührung, sehr empfindlich gegen —	Ars. alb.
Berührung, überempfindlich gegen —	Capsicum
Beruhigung durch Zuspruch leicht, bei Ängstlichkeit	Ars. alb.
Beschäftigung erschöpft	Bar. carb.
Besserung durch Kalt-Anwendung	Acid. fluor. Pulsatilla
Bettdecke von sich stoßend (besonders bei Fieber), dann Frösteln bei Luftzug über den Kopf	Sulfur
Bettdecke, Füße darunter hervorsteckend (nicht nur Sulf.!)	Calc. carb.
Bettzeug, Bedeckung des Körpers mit — wird bei hohem Fieber nicht vertragen	Acid. fluor.
Beweglich (geistig), hochempfindsam, kapriziös, nervös	Ignatia
Bewegung, Anstrengung und frische Luft bessern	Bromum
Bewegung und Gesellschaft bessern Müdigkeit und Trägheit	Sulfur
Bewegungen plump und schwerfällig beim Spiel	Calc. carb.
Bindehautentzündung, ungewöhnliche Lichtscheu (s. auch Conjunctivitis)	Zincum
Blähungen, dann große Kotballen	Carbo veg.
Blähungskoliken, Wärme bessert	Chamomilla
Blässe, gelbliche	Bar. carb. Carbo veg. Causticum Lycopodium Sepia

Blässe, plötzliche, legt sich hin; traurige, nervöse Furcht dabei	Ars. alb.
Blamieren, Angst sich zu —, (geistig aufgeweckt)	Ignatia
Blaß, sofort-, bei emotionaler Belastung	Ant. crud.
Blaß, fahl um Nase und Mund herum (bei gleichzeitig umschriebener Wangenröte, ähnlich wie bei Cham.)	Cina
Blepharitis chron., Augen morgens verklebt	Graphites
Blepharitis-Neigung, allgemein	Psorinum
Blepharitisschübe, Wimpernverlust am Auge	Sulfur
Blutstauungen, wenn er gezwungen wird, bei heißem Wetter still zu stehen	Kal. sulf.
Bohren oder Zupfen an der Nase, dauernd	Cina
Brennen vorherrschend bei allen Erscheinungen	Ars. alb. Carbo veg. Capsicum Causticum Cantharis Phosphorus
Brennen der Füße	Sulfur
Brennende rote Hände und Füße, Hitze	Acid. fluor.
Brennschmerz zwischen den Schulterblättern	Phosphorus
Bronchitis mit sehr zähem, klebrigem Sputum, das kaum aus dem Munde herausgebracht werden kann (ähnlich Kal. bichrom.)	Magn. carb.
Bronchitis-Neigung	Phosphorus
Bronchitis und spastische Kehlkopfattacken (zu „unpassender Zeit")	Ignatia
Bronchitis von Erkältung (Pulsatilla-Typ) geht in Bronchopneumonie der linken unteren Lunge über, dann bessere Erfolge mit	Kal. sulf.
Buchstaben und Worte beim Schreiben verwechselnd	Acid. fluor.

C

Cervicalregion, untere —, Schmerzen, wenn ermüdet	Zincum
Cholerisch-empfindlich-aufbrausend, leicht gereizt	Capsicum
Cholerisch-unleidlich, launisches Hin und Her	Chamomilla
Choreatische Erscheinungsbilder nach der Adoleszenz	Zincum
Choreatisch-ungeschickt, trotz Begabung, es entstehen viel Scherben	Agaricus
Coecum chronisch gereizt, rechte Fossa iliaca auffällig gefüllt, Obstipation	Thuja

Conjunctivitis, durch Dacryocystitis purulenta (aus Lidwinkelrissen entstanden) unterhalten — Petroleum
Conjunctivitis durch Luftzug schlimmer — Pulsatilla
Conjunctivitis mit ungewöhnlicher Photophobie — Zincum
Crampi nachts im Bett — Zincum
Cystitis bei warmem Wetter, mit Frostgefühl — Pulsatilla
Cystitis mit Brennschmerz — Capsicum
Cystitis mit Enuresis, akut, sehr heftig — Petroleum
Cystitis nach Erkältung — Dulcamara

D

Dacryocystitis, ascendierende, von Lidwinkelriß — Petroleum
Darmkolikneigung — Petroleum
Darm- und Magenkrankheiten unerwartet aus voller Gesundheit — Ars. alb.
Debil erscheinend, klein, träge, entwicklungsrückständig, adenoid — Bar. carb.
Decke (Bett-) von sich stoßend, besonders bei Fieber, dann aber Frösteln bei Luftzug über den Kopf — Sulfur
Defaitistisch, sieht Lage immer hoffnungslos — Graphites
Denkunsicherheit bei Examensaufregung — Arg. nitr.
Denken langsam, Reaktionszeit langsam — Carbo veg.
Depressiv - traurig (nicht weinerlich), denkt lange über Kleinigkeiten nach — Thuja
Dick, gut genährt und gewachsen, dicke helle Haare, rauhe Haut — Sulfur
Dick, weich, hell, frostig, träge, sieht überraschend gut aus, trotzdem aber wenig geistige und körperliche Energie — Calc. carb.
Dick, ziemlich lasch, verstopft, plumpe Bewegungen, rote Backen (nicht immer!), stets ausgeprägt vergeßlich — Capsicum
Dick (ziemlich übergewichtig), bleich, eigenartige Rötung um die Augen, oft feuchte Ekzeme hinter den Ohren, reizbar, furchtsam — Ant. crud.
Dicklich, reaktionsträge, Neigung zu weinen, anschmiegsam, liebevolle Zuwendung verlangend, hitzeempfindlich, frostig, Widerwille gegen Schweinefleisch — Pulsatilla
Dick, schwer, bleich, immer frostig, ständig verstopft, ausgeprägte Hauterscheinungen, auffallend müde, träge, zögernd antwortend, ängstlich-defaitistisch, ausgeprägte Abneigung gegen Fisch — Graphites

Dicklich, träge, sitzt gern herum, meist verstopft, eigensinnig, halsstarrig, Mangel an Selbstvertrauen, arbeitsabgeneigt, schnell ermüdbar, gelblich belegte Zunge	Kal. sulf.
Dick (zu fett), hellhäutig und blond (meist), heiter, freundlich, glücklich, aber leicht aus der Fassung, mit hitziger Röte, depressiv-traurig, Dunkelangst im Freien, Sonnenhitze nicht vertragend, Aknepickel Gesicht, Schulter, Rücken	Bromum
Druck bessert alles	Bryonia Ignatia
Drüsenschwellungen, harte Vergrößerung	Calc. carb. Jodum
Dünn, erschöpft, hungrig, graue u. U. faltige Haut, ärgerlich-reizbar-ängstlich, unterernährt	Abrotanum
Dünn, feiner Körperbau, zarte Haut, feines Haar, nervös, immer hochgespannt, ängstlich, furchtsam, erschöpfbar, intelligent, sehr ordnungsliebend	Ars. alb.
Dünn, frostig, schmal, blasse feine Haut, feine blonde Haare, empfindlich, schwierig, differenziert, verträgt keine Einmischung in sein Leben, Neigung zu partiellen Schweißen, u. U. Milchunverträglichkeit und vergrößerte Halsdrüsen	Silicea
Dünn, immer krank, wenig Widerstandskraft, ungesundes Aussehen, schmutzige Hautbeschaffenheit	Psorinum
Dünn, langer Wuchs, eher gelbliches Aussehen, selbstunsicher, ißt viel, setzt kein Gewicht an, ausgeprägtes Süß-Verlangen und nach sehr heißem Essen, manchmal dicker Bauch	Lycopodium
Dünn (schlank), schmalbrüstig, spindelige Beine, vergrößerter Bauch, rauhe Haut, die gern aufspringt, ermüdet, elend, kann schlecht stehen	Sulfur
Dünn, schmächtig, zart, aufgeweckt, nervös, störbar durch Atmosphärisches (Gewitterangst), unbeständige Zirkulation, Haar u. U. mit rötlichem Schimmer, Furcht vor Alleinsein, liebt Fleisch und Gewürztes	Phosphorus
Dünn, unruhig, immer hungrig, unerwartet reizbar, überempfindlich gegen Wärme und Sonne	Jodum
Dünn (untergewichtig), hellhaarig, hellhäutig, zarte Knochen, weich, nachgiebig, eigenartige Freude am Leben, schon früh schlechte Zähne	Acid. fluor.
Dumm, schwerlernend	Capsicum
Dunkelheit, Angst, bei — ins Bett zu gehen	Calc. carb.

Dunkelheit, Angst vor —, Heimweg in der —, Vorstellung, verfolgt zu werden	Bromum
Dunkelheit, Angst vor —, mit erstaunlicher Einbildungskraft	Ars. alb.
Dunkelheits-Angst	Calc. phos.
Dunkelheits-Angst und Pavor nocturnus auf Grund von gruseligen Geschichten und Erzählungen	Pulsatilla
Dunkelheit, Furcht in der —, Schrecken vor fremden Geräuschen	Kal. sulf. Pulsatilla
Dunkelscheu (glaubt jemand hinter sich)	Thuja
Durchfälle, After brennt, rot, rauh, nach Erkältung	Petroleum
Durchfälle, akute, von Bronchitis begleitet, Neigung zu Bronchopneumonie	Magn. carb.
Durchfälle entkräften schnell (Kollapsneigung), dabei Unruhe, Aufregung, Schweiße, graue Haut, hinterher auffällig schnell erholt	Ars. alb.
Durchfälle, grüne, nach Blähungskoliken	Chamomilla
Durchfälle mit schäumigen, fetten, weißen Stühlen	Jodum
Durchfälle, stinkend wäßrige	Carbo veg.
Durchfälle, 4—5^{h}, stinkend, aus dem Bett treibend	Sulfur
Durchfall, farblos, schmierig (fettig), viel Blähungen dabei	Thuja
Durchfall, Frostgefühl bei warmem Wetter	Pulsatilla
Durchfall, heiße Getränke verschlimmern	Arg. nitr. Acid. fluor. Lycopodium Secale
Durchfall macht schmerzhafte Afterfissuren und Afterreizungen	Acid. fluor.
Durchfallneigung, enormer Appetit, evtl. Durchfälle im Wechsel mit rheumatischen Schüben	Abrotanum
Durchfallneigung und Neigung zum Erbrechen, ganz plötzlich	Borax
Durchfall, wäßrig-weiß	Cina
Durchfall mit weißem Stuhl, pastös-farblos, auch Unverdautes enthaltend, dabei „riecht das ganze Kind sauer“	Magn. carb.
Durst bei fieberhaften Halserkrankungen und Mastoiditis, sehr heftig (schüttelt sich nach Trinken!)	Capsicum
Durst bei fieberhafter Erkrankung	Bryonia
Durst, großer, nach kalten Getränken	Arsenicum

Durst, heftiger, nach den Mahlzeiten, bei Magen- und Verdauungsstörungen	Causticum
Durst, viel (trockener und heißer Mund)	Sulfur

E

Eigensinnig	Kal. sulf.
Eigensinnig, halsstarrig, reizbar	Cina
Eigensinnig, halsstarrig, schwer zu leiten, reizbar	Silicea
	Sanicula
Eigentums- und Eigenzugehörigkeits-Verliebtheit („Meins ist das Beste")	Sulfur
Einbildungskraft lebhaft, furchtsam, nervös	Ars. alb.
Einmischung in sein Leben nicht vertragend	Silicea
Eis liebend gerne essend	Calc. carb.
Eisenbahnfahren macht leicht schwindlig und krank	Calc. carb.
Eisenbahn- und Autokrankheits-Neigung	Borax
	Bar. carb.
	Calc. carb.
	Petroleum
	Tabacum
Ekzem am Kopf, hartnäckig	Carbo veg.
Ekzem an der Stirnhaargrenze, Haut fett und unrein	Natr. mur.
Ekzem in den Falten (Ellenbeugen), nachts verschlimmerte Beschwerden	Sulfur
Ekzem, Tagesverschlimmerung	Petroleum
Ekzeme	Graphites
Emotionale Belastung bringt aus der Fassung	Ant. crud.
Empfindlich gegen fremde Menschen, feinfühlend, verletzbar	Thuja
Empfindlich, sehr, gegen Sinneseindrücke (Geräusche, Gerüche, Berührung) und Anstrengung	Ars. alb.
Empfindlich, unfähig, Schmerz zu ertragen	Cina
Empfindlichkeit gegen Enttäuschungen (furchtsam, schreckhaft, lange betrübt)	Aurum
Empfindlichkeit gegen Kälte	Ant. crud.
	Petroleum
	Psorinum
Empfindlichkeit gegen plötzlichen Temperaturwechsel	Phosphorus
Empfindlichkeit gegen Spott, ganz besondere —	Calc. carb.
Empfindlichkeit, Überempfindlichkeit gegen Schmerzen	Chamomilla
Empfindsam, aber leicht zu führen, entgegenkommend	Pulsatilla

Empfindsam-empfindlich	Causticum
Empfindsam, nervös, reizbar, überspannt	Ars. alb.
Empfindsam (sehr), „kapriziös“, nervös, geistig beweglich	Ignatia
Entmutigt, hoffnungslos, ängstlich und reizbar bei Unpäßlichkeit	Psorinum
Entmutigt, leicht —	Carbo veg.
Entsetzen und Schrecken siehe „Nervenmittel“	
Enttäuschungen, furchtsame und schreckliche Empfindlichkeit dagegen, lange betrübt	Aurum
Entwicklung allgemein verzögert	Zincum
Entwicklung langsam, Symptom des Kopfnickens	Sepia
Entwicklungsmangel (5jähriger sieht aus wie 3jähriger)	Aurum
Entwicklungsverspätung (schlechte geistige Entwicklung)	Bar. carb.
Enuresis beim Einschlafen bis 22^h (oft bei Verstopfung)	Sepia
Enuresis im ersten Schlaf	Sepia
Enuresis von Erkältung	Silicea
Enuresis-Neigung	Causticum
Enuresis-Neigung bei Verstopfung	Sepia
Erbrechen, danach sofort wieder Essen verlangend	Cina
Erbrechen und Durchfall plötzlich, neigt zu —	Borax
Erde essend (und Unverdauliches)	Calc. carb.
Erhitzung, Rötung, Jucken aller Körperöffnungen	Sulfur
Erkältet bei jedem Wetterwechsel, ohne jede Infektionsmöglichkeit	Bar. carb.
	Psorinum
	Sepia
	Tuberculinum
Erkältet, leicht, im Beginn Halsentzündungen und vergrößerte Tonsillen	Bar. carb.
Erkältet, rasch, durch Schwitzen bei Anstrengung	Calc. carb.
Erkältung bei warmem Wetter	Pulsatilla
Erkältung — Durchfall	Calc. carb.
Erkältung perakut (heftiges Niesen, scharfer, wäßriger Schnupfen, evtl. Heiserkeit, schon nach 24 Std. Bronchitis oder Asthma)	Ars. alb.
Erkältungsfolgen bei schmalen Kindern mit großer Reizbarkeit	Chamomilla
Ermüdet, dabei Schmerzen in unterer Cervicalregion	Zincum
Ermüdung außerordentlich leicht, widerspenstig, reizbar	Bar. carb.
Ermüdung, dadurch leicht zittrig	Ignatia
Ermüdung: qualvolle Anstrengung, die Augen offen zu halten	Bar. carb.

Erregbar, hitzige Rötung, leicht aus der Fassung zu bringen, sonst auffällig glücklich und heiter	Bromum
Erregung: reizbar, schlägt heftig um sich	Borax
Erregbar, sehr, möchte nicht bewegt werden, allein gelassen sein, durstig, will große Trinkmengen	Bryonia
Erregung endet in Tränen	Bar. carb.
Erregungs-überempfindlich	Causticum
Erröten, Neigung dazu, dann schnell wieder blaß	Pulsatilla
Erschöpfbar, schnell —, kommt mit Kopfweh von der Schule	Magn. carb.
Erschöpfbar, wenig Widerstandskraft, immer krank, (eher schmal als fett)	Psorinum
Erschöpft bei systematischer Beschäftigung sehr rasch	Bar. carb.
Erschöpfung, dadurch leicht zittrig	Ignatia
Erschöpfung, plötzliche, mit Niederlegen, Blaßwerden, Traurigkeit	Ars. alb.
Essen, nach dem — träge (sehr)	Pulsatilla
Essen ist Schlingen, nicht Kauen	Zincum
Essen, wohler nach dem —	Bromum
Examensfurcht, Lampenfieber	Strophanthus
Examensfurcht, „verliert die Nerven", alle Arten von Verdauungsstörungen	Ignatia
Extremitäten bläulich-kühl	Carbo veg.

F

Fassung, leicht aus der — zu bringen, feinfühlend, Tränen	Ant. crud.
Fassung, leicht aus der — zu bringen, hitzige Röte	Bromum
Fassung, leicht aus der — zu bringen; liebt nicht, daß man ihm etwas sagt	Bar. carb.
Faul (der Arbeit abgeneigt)	Kal. sulf.
Faul, geistig schwach, initiativelos; gibt sich, als strenge alles schrecklich an	Aurum
Faul, geistig träge	Carbo veg.
Faul, wohlgenährt, hell, frostig, fett	Calc. carb.
Faul, träge Lässigkeit	Sepia
Faul, träge, zögert zu antworten	Graphites
Feinfühlend, aber verletzlich	Thuja
Feinfühlend, zuneigungsempfänglich (beides!)	Thuja
Feminin wirkender, pastöser Jüngling im Entwicklungsalter	Calc. carb.
Fensteröffnen verlangend bei jeder Art von Erkrankung	Sulfur

Fett, dünnes Haar, reaktionsträge, große Neigung zu weinen, anschmiegsam, nach liebevoller Zuwendung verlangend	Pulsatilla
Fett, eigenartige Rötung um die Augen	Ant. crud.
Fett, heiter, freundlich, glücklich, hellhäutig, blond	Bromum
Fett, schwer, bleich, verstopft	Graphites
Fett, schwer, meist rote Backen	Capsicum
Fett s. auch „Dick"	
Fieber, auffällig hohes, bei akuten Krankheiten	Acid. fluor.
Fieber, auffällig hohes, bei Mastoiditis und Halsentzündung, sehr durstig auf kalte Getränke, schüttelt sich nach dem Trinken	Capsicum
Fieber: Bettdecke von sich stoßend wegen Hitze, aber fröstelnd bei Luftzug über den Kopf	Sulfur
Fieber, hohes: Bettzeug auf dem Körper wird nicht als Bedeckung vertragen	Acid. fluor.
Finger haben leicht blutende Risse (Rhagaden) von Kälte und kaltem Wasser	Graphites
Fingernägel brechen leicht	Acid. fluor.
Fissuren an den Fingerspitzen, die an Wintertagen „aufspringen"	Petroleum
Fissuren der Haut	Graphites
Fissuren der Haut, stinkend, eitrig-wäßrig absondernd, immer gereizte Haut	Psorinum
Flatterhaftes Wesen, dadurch Schulversagen, fahrig, Scherben!	Agaricus
Flatulenz, schmerzhafte, Wärme bessert	Chamomilla
Fleisch s. „Speisen"	
Folgen von Infektionskrankheiten, div. Störungen	Carbo veg.
Fragen nur zögernd beantwortend, innerlich die Worte suchend	Thuja
Fragen nur zögernd beantwortend, träge	Graphites
Freude, eigenartige — am Leben, die einfachsten Dinge bereiten Freude	Acid. fluor.
Freunde, Abneigung, sie zu treffen, lässig	Sepia
Freunde, Abneigung, sie zu treffen, Menschenscheu	Bar. carb.
Freundlichkeiten — empfänglich	Thuja
Frischluft bessert, aber kälteempfindlich	Thuja Magn. carb.
Frischluftverlangen, aber empfindlich gegen feuchte Kälte, Nebel und Regen	Thuja
Fröhlich	Bromum

Frösteln bei Temperaturwechsel, muß sofort niesen	Natr. mur.
Frostig und empfindlich gegen muffige, dumpfe Luft	Lycopodium
Frostig, kälteempfindlich	Sepia
Frostig veranlagt, sehr —, trotzdem durch kleinste Anstrengung sehr heiß, „dämpfig“	Calc. carb.
Furcht im Dunkeln, lehnt trotzdem ab, geführt oder berührt zu werden	Sepia
Furcht im Dunkeln, Schrecken vor fremden Geräuschen	Kal. sulf. Pulsatilla
Furcht vor allem Ungewöhnlichen und Unbekannten	Ars. alb.
Furcht vor Examen, „verliert die Nerven“, alle Arten von Verdauungsstörungen	Ignatia
Furcht vor Menschen, vor allem vor Fremden in der Umgebung	Bar. carb.
Furcht vor plötzlichen Geräuschen	Borax
Furcht vor Unangenehmem, dadurch alle Art von Verdauungsstörungen	Ignatia
Furchtsam, sehr nervös, lebhafte Einbildungskraft	Ars. alb.
Furchtsamkeit nimmt zu, je mehr man sich um das Kind bemüht oder es anschaut (es schreit, wenn der Arzt ans Bett tritt)	Ant. crud.
Fuß aus dem Bett steckend, nachts	Calc. carb.
(nicht allein Sulfur! Auch u. U. kalte Füße bei:)	Sulfur
Füße heiß, als brennend empfunden, auch Kopf heiß, die Füße aus dem Bett gesteckt	Chamomilla
Füße und Hände rot	Sulfur
Füße und Hände ruhelos, gleichzeitig müde und matt	Zincum
Füße kalt, Hände heiß (und umgekehrt)	Sulfur
Fußgelenke werden leicht mal verrenkt	Calc. carb.
Fußschweiß stinkend	Acid. fluor.

G

Gähnt dauernd, subluxiert u. U. das Kiefergelenk	Cina
Gastritis, akute Verdauungsstörung, Verschlimmerung durch heiße Getränke, Neigung zu Gelbsucht	Acid. fluor.
Gastritis entwickelt sich zur Gelbsucht, wenn vorher Pulsatilla indiziert war	Kal. sulf.
Gedächtnis sehr schlecht	Aurum
Gedanken schwinden (Examen, Aufregung!)	Arg. nitr.
Geistig beweglich, hochempfindsam	Ars. alb.
Geistig beweglich, hochempfindsam, kapriziös, nervös	Ignatia

Geistig mangelhaft entwickelte Kinder	Bar. carb. Borax
Geistig schwach	Aurum
Gelbsucht, kindliche, akute, katarrhalische, nach „Pulsatilla"-Gastritis, am häufigsten ist indiziert	Kal. sulf. Sulfur
Geldwert-Gefühl, sicheres, schon bei kleineren Kindern	Sulfur
Gelenke steif, Gelenkschmerzen, Gefühl, Gelenke seien zusammengeschnürt	Causticum
Geräusch - überempfindlich	Capsicum
Geräusche, empfindlich gegen —, die das Kind nicht versteht, die es sich nicht erklären kann	Petroleum
Geräusche, fremde —, Schrecken vor —, Furcht im Dunkeln	Kal. sulf. Pulsatilla
Geräusche machen nervös	Ars. alb.
Geräusche, plötzliche —, irritieren sehr, Furcht, Schreckhaftigkeit	Borax
Geräusche, sehr empfindlich gegen —	Aurum Chamomilla
Geräusche: überempfindlich besonders gegen gesprochenes Wort	Zincum
Geräuschempfindlichkeit, höchste, keinem anderen Mittel vergleichbar, Wut, Tränen, kann danach nicht mehr arbeiten, nichts mehr aufnehmen	Ignatia
Gerstenkörner, viele	Hep. sulf.
Geruch und Geschmack sehr ausgeprägt und scharf (als Sinnesfunktion)	Aurum
Gerüche, sehr empfindlich gegen —	Ars. alb.
Geschmacksüberempfindlich	Capsicum
Gesellschaft, in — vollkommen zufrieden und glücklich, sitzt ruhig da und spielt	Calc. carb.
Gesellschaft, in eine — erst einmal einbezogen, glücklich, bei sonstiger lässiger Abneigung, Freunde zu treffen	Sepia
Gesellschaft und Bewegung bessern Müdigkeit	Sulfur
Geschichten, gruselige, beeindrucken sehr (Dunkelfurcht oder Pavor nocturnus)	Pulsatilla
Gesicht blau, konvulsivische Wut, ungezogenes Kleinkind	Chamomilla
Gesicht gerötet	Capsicum Ferrum
Gesicht gelegentlich gerötet	Graphites Ferrum

Gesicht gerötet, jäh, aber blutarm erscheinend, grazil, blau durchschimmernde Venen	Ferrum
Gesicht mit umschriebenen Flecken auf den Wangen, Röte und Blässe um den Mund	Cina
	Sanguinaria
Gesicht: ungeordnete Muskelzuckungen nach Anstrengung	Cina
Gesichter, schreckliche — im Alptraum sehend	Calc. carb.
Getränke, heiße, verschlimmern Durchfall	Acid. fluor.
	Arg. nitr.
	Lycopodium
	Secale
Gewichtszunahme, keine —, trotz großen Appetits	Jodum
Gleichgültig - negativ	Sepia
Grimassieren, leicht, nach Anstrengung, beim Sprechen, angestrengter Gesichtsausdruck	Ignatia
Grimassieren, ungeordnetes, nach Anstrengung	Cina
Grundlos heftige Zornausbrüche mitten im Spiel	Jodum
Gruselige Geschichten beeindrucken sehr, Alpträume	Pulsatilla
Gurgeln im Bauch bei Durchfall	Thuja

H

Haare dick, hell	Sulfur
Haare etwas dunkel, fettes Kind, reaktionsträge, anschmiegsam, große Neigung zum Weinen, nach liebevoller Zuwendung verlangend	Pulsatilla
Hände kalt, Kopf heiß (und umgekehrt!)	Sulfur
Hände und Füße brennend rot, Hitze	Acid. fluor.
Hände und Füße rot	Sulfur
Halsansatz, Schmerzen im hinteren —, bei Ermüdung	Zincum
Halsdrüsen an beiden Seiten der Sternocleidomastoidei	Bar. carb.
Halsdrüsen im Nacken, kleinste	Natr. mur.
Halsdrüsen vergrößert, sehr oft	Bar. carb.
Halsentzündung, Druck und feste Speisen lindern aber	Ignatia
Halsentzündung und vergrößerte Tonsillen im Beginn jeder Erkältung	Bar. carb.
Halsstarrig	Kal. sulf.
Halsstarrig, eigensinnig	Cina
Haßausbrüche, unvernünftige, plötzlich	Acid. fluor.

Haßt Hänselei und Geärgertwerden ganz ausgesprochen	Calc. carb.
Hast, dadurch Ungeschick	Natr. mur.
Hauen nach Menschen der Umgebung, nach der Mutter, extrem reizbar	Chamomilla
Haut blaß, aber nicht erdig (wie Bar. carb.), schon eher rote Wangen	Borax
Haut blaß, wenig Farbe, erdig	Bar. carb.
Haut dunkel, schwarze Haare, ruhelos	Jodum
Haut: dunkle Typen, erröten leichter, schwitzen leichter, zeigen eine fettige Hautbeschaffenheit	Natr. mur.
Haut fein, unbeständige Zirkulation	Phosphorus
Haut grau, faltig, Kind erschöpft (Pylorospastiker)	Abrotanum
Haut krustig, Blepharitis, juckt sehr	Bar. carb.
Haut ölig, dunkelhaarige Typen	Thuja
Haut trocken, rauh, immer einige Pusteln, in der Pubertät fettig, schwitzt nie, sieht immer ungesund aus, kein honigartiges Sekret wie Graphites	Psorinum
Haut trocken, rauh, neigt zu Aufspringen	Graphites
Haut trocken, Risse an unbedeckten Teilen, dünn, ungesundes Aussehen	Sulfur
Haut trocken, schuppig, bei Kleinkind und Säugling kupferfarbige Eruptionen der Kopfhaut	Magn. carb.
Haut: typische Impetigo contagiosa, Wasser und Wärme verschlimmern alles	Ant. crud. Psorinum
Haut weiß, schweißig	Calc. carb.
Hauterscheinungen durch Berühren mit Wasser erheblich verschlimmert, Kind kratzt sich blutig	Ant. crud. Psorinum
Hauterscheinungen, durchgehende — in der kindlichen Krankengeschichte; sehr ratsam: Behandlungsbeginn mit:	Sulfur
Hauterscheinungen „eine Menge“	Causticum
Hauterscheinungen (Fissuren, Risse an Gelenkbeugen, Fingerspitzen, Lippen, Nasenöffnungen, After; feuchtes Krustenekzem hinter Ohren, viel juckende Absonderungen) einander ähnlich bei:	Ant. crud.
und bei:	Psorinum
Hauterscheinungen, ganz charakteristisch an den Haargrenzen	Natr. mur.
Hauterscheinungen, generalisierte	Zincum
Hauterscheinungen generalisiert und borkig, krustig	Bar. carb.

Hauterscheinungen immer ausgeprägt (trocken, rauh, bei Naßwetter Rhagaden bildend)	Sulfur Graphites
Hauterscheinungen: Lippenherpes und urticarielle Schübe	Borax
Hauterscheinungen schlimmer tagsüber	Petroleum
Hauterscheinungen schlimmer nachts	Sulfur
Hautjucken eine Tortur, da Kind frostig ist, Wärme und Wolle aber alles verschlimmern	Psorinum
Hautleiden und Asthma wechselnd, chronisch, im Adoleszentenalter	Ars. alb.
Hautstellen, kranke —, unter Einfluß von Kälte, Wasser und kaltem Wetter (Gerissene, gesprungene, leicht blutende Finger; auch dickes, gelbes, seröses Sekret)	Graphites
Heftigkeit, Plötzlichkeit	Jodum
(Heimweh[?])	Capsicum [?])
Heilung, schlechte, von Wunden	Silicea
Heiserkeit, chronische, neigt dazu	Capsicum
Heiserkeit, zu — neigend, schmerzhafte Rachenkatarrhe und spast. Kehlkopfhusten	Jodum
Helles, dünnes Haar; zartes, feines, scheues, leicht errötendes, immer entgegenkommendes Kind	Pulsatilla
Hellhaarig, hellhäutig, untergewichtig, schlank, zarte Knochen	Acid. fluor.
Herbstverschlimmerung der Erscheinungen	Petroleum
Herpes an den Lippen	Borax
Herumgehen bessert, auch Herumgetragenwerden	Chamomilla
Herumsitzend, wenig oder nichts tuend, zufrieden	Calc. carb.
Herumwerfen, sich —, Schreien, Strampeln bei Störungen	Chamomilla
Herz-(Myocard-)rheuma nach Muskelrheuma	Bromum
Heufieber: Frühjahrsverschlimmerung	Psorinum
Heufieber: Verschlimmerung immer erst später (Juni)	Bromum
„Himmelhochjauchzend - zu Tode betrübt“	Ignatia
Hitze, Schwüle und Sonnenbestrahlung werden nicht vertragen, Kopfweh	Natr. mur.
(siehe auch:	Jodum Pulsatilla Kal. sulf. Petroleum)
Hitze-empfindlich	Pulsatilla
Hitze-empfindlich (Sonne)	Bromum Jodum

Hitzegefühl bei Nacht	Sulfur
und	Calc. carb.
Hitzewallungen und Rötung des Gesichts nach heißen Speisen	Magn. carb.
Hochempfindsam, geistig beweglich, nervös, kapriziös	Ignatia
Hochgespannt, nervös, zartgliedrig, feines Haar, intelligenter Gesichtsausdruck	Ars. alb.
Hodenhochstand (Kryptorchismus)	Aurum
Hoffnungslos-defaitistische Einstellung	Graphites
Hordeolum, akutes, große Reizung, Hitze und Brennen der Lidränder; Wasseranwendung, Baden, Wärme verschlimmern	Sulfur
Hordeolum häufig, am Unterlid	Pulsatilla
Hunger, Abmagerung	Jodum
	Abrotanum
Hunger 11^h	Zincum
Hunger 11^h, bei sonst gutem Appetit	Sulfur
Hungerschmerz um Mitternacht	Acid. fluor.
Hungrig, gleich nach Erbrechen wieder Essen verlangend	Cina
Husten, zähes, klebriges Sputum, kaum aus dem Mund herauszubringen (ähnlich Kal. bichrom.)	Magn. carb.
Hustenreiz, kalte Getränke bessern, Hals „wie eingeschnürt"	Bromum
Hustenreiz, kitzelnd, spastisch, bis zur Atemnot	Bromum
Hyperämien, umschriebene, flammend rot	Capsicum

I

Ichbezogen, übelnehmerisch, unfähig, Scherz zu ertragen	Cina
Impetigo contagiosa, typische	Ant. crud.
Impfungen, Erkrankungen danach	Thuja
Infektionskrankheiten und Folgen davon, div. Störungen	Carbo veg.
Initiative, keine —, alles schrecklich anstrengend	Aurum
Interessanter, nervöser Kindertyp	Ars. alb.
Intertriginöse Ekzeme	Graphites

J

Jucken, Erhitzung usw., Kratzen bessert nicht	Psorinum
Jucken, Erhitzung, Rötung aller Körperöffnungen, Kratzen bessert	Sulfur

Jüngling, pastös, feminin wirkend	Calc. carb.
Jungfrau, pastös, gut genährt erscheinend, zu frühe, zu starke Regel	Calc. carb.
Juckreiz aller Hauterscheinungen	Bar. carb.
Juckreiz eine Tortur, da frostig, Wärme und Wolle aber verschlimmern; sich blutig kratzend	Psorinum
Juckreiz-Neigung, leicht schwitzende Haut, Kratzen erleichtert nicht	Sepia
Juckreiz um gerötete Augenlider, am inneren Canthus öfters Risse, Neigung zu Dacryocystitis	Petroleum

K

Kälte, gegen feuchte — empfindlich	Thuja Borax
Kälte, gegen — sehr empfindlich	Bar. carb. Sepia
Kalte Anwendungen machen alles schlimmer, am Ohr bei Mittelohrentzündung bessern sie aber	Pulsatilla
Kaltes Bad muntert sehr auf	Acid. fluor.
Kapriziös, hochentwickelt, empfindsam, geistig beweglich, nervös	Ignatia
Katarrhe, chronische — neigend zu	Thuja
Katarrhe langdauernd und störend	Aurum
Katarrhneigung, speziell, wenn zähschleimig	Hydrastis Kal. bichrom.
Kaut beim Essen nicht, sondern schlingt	Zincum
Kehlkopfattacken, spastische, und Bronchitis, zu unpassender Zeit	Ignatia
Kehlkopfhustenanfälle, spastische, dabei heiße trockene Haut, Ängstlichkeit	Jodum
Keuchhusten, wenn Pulsatilla-Modalitäten, besser behandelt mit	Kal. sulf.
Kiefergelenk subluxiert, u. U. durch exzessives Gähnen	Cina
Kieferhöhleneiterung, Disposition zu —	Bromum
Kieferwinkeldrüsenschwellungen oft bei eitrigen Infekten im Hals-Nasen-Ohrenbereich	Petroleum
Kitzeln im Rachen, spastischer Husten, bis zur Atemnot	Bromum
Kleiner und untergewichtiger als die Mehrzahl anderer Kinder	Natr. mur.
Kleinkind mit Harnentleerungsschwierigkeiten	Petroselinum

Kleinkind mit faltiger Haut, Zeichen des Flüssigkeitsverlustes	Abrotanum
	Sanicula
	Sarsapilla
Kleinkind schreit, wenn die Mutter es in das Bettchen niederlegen will (unangenehme Abwärtsbewegung)	Borax
Kleinkind, ungezogenes, konvulsivische Wut, „blaues“ Gesicht	Chamomilla
Knochen zart, hellhaarig, hellhäutig, schlank, untergewichtig	Acid. fluor.
Körperöffnungen gerötet erhitzt, juckend	Sulfur
Koliken durch Blähungen, Wärme bessert	Chamomilla
Koliken mit nachfolgenden Durchfällen nach Obstgenuß	Borax
Kollaps s. auch „Ohnmacht“	
Kollaps in der Schule, durch Kopfweh	Acid. fluor.
Kollaps durch Stehen, durch eine bestimmte erzwungene Haltung in geschlossenem Raum (Schule, Kirche)	Sepia
Komfort liebend	Sulfur (dünner Typ)
Konvulsivische Wut, ungezogenes Kleinkind, „blaues“ Gesicht	Chamomilla
Konzentration durch Geräusche total unterbrochen, extreme Geräuschempfindlichkeit	Ignatia
Konzentrations-Mangel in der Schule auffallend, bei Inanspruchnahme Kopfweh	Acid. fluor.
Konzentrationsunfähigkeit u. Vergeßlichkeit ausgeprägt	Bar. carb.
Kopf groß	Bar. carb.
	Calc. carb.
	Silicea
	Sulfur
Kopf heiß, Füße brennend heiß, aus dem Bett gesteckt	Chamomilla
Kopf heiß, Hände kalt	Sulfur
Kopfnick-Symptom bei langsamer Allgemeinentwicklung	Sepia
Kopfschweiße, Neigung zu sauer riechenden —	Calc. carb.
Kopfweh beginnt nachts, Kind schlaflos, Aufstehen und Herumgehen bessert. — Auch als nervöses Kopfweh am Abend	Magn. carb.
Kopfweh, besser durch festes Binden	Pulsatilla
Kopfweh durch enge Kopfbedeckung im Hinterkopf; dann völlig unfähig, zu arbeiten, speziell zu denken oder sich zu konzentrieren	Carbo veg.
Kopfweh, im Hinterkopf, bei geistiger Anstrengung	Petroleum

Kopfweh in der Schule (bei Überanstrengung) im Hinterkopf	Carbo veg.
Kopfweh in der Schule, durch Konzentration leicht müde	Acid. fluor.
Kopfweh in muffiger Luft	Lycopodium
Kopfweh, kongestives, in der Schule, Kollaps davon	Acid. fluor.
Kopfweh mangels pünktlicher Mahlzeit	Sulfur
Kopfweh nach einer Reihe von Anstrengungen	Ignatia
Kopfweh, niederdrückend in der Stirn	Bar. carb.
Kopfweh, periodisch, alle 7 oder 14 Tage, bei Schulüberlastung, migräneartig; unerträglich sind Geräusch, Licht, Störungen jeder Art. — Kühle bessert.	Ars. alb.
Kopfweh, von — ganz krank sein, durch Übergehen einer Mahlzeit (typisch für das Mittel)	Psorinum
Kopfweh von schwüler Hitze, Sonnenbestrahlung, auch von Schulunterricht, durch zu große Konzentration. — Über den Augen sitzender Druck nach unten (wie Bar. carb.)	Natr. mur.
Kopfweh, wenn Urin oder Stuhl angehalten wird	Acid. fluor.
Krankheitsanfällig, typisch gelblich belegte Zunge (oft nur in der Mitte)	Kal. sulf.
Krusten-Ekzem	Graphites
Kryptorchismus	Aurum
Kupferfarbene Eruptionen auf schuppiger Kopfhaut (Säugling, Kleinkind)	Magn. carb.

L

Lachen, helles, beim Erwachen (bei Einschlafstörung)	Sulfur
Lässigkeit, Trägheit	Sepia
Lange Reaktionszeit („lange Leitung“)	Zincum
Langsam beim Spielen	Calc. carb.
Langsam im Denken, lange Reaktionszeit	Carbo veg.
Langsam in Auffassung und Antwort	Zincum
Langsam in der Schule lernend	Calc. carb.
Launisch, extrem —; Herumgehen und Getragenwerden bessern	Chamomilla
Launisch, schlecht gelaunt, wütend	Hep. sulf. Jodum
Launisch, wechselnd, in sich gekehrt, still brütend, seufzt und schluchzt	Ignatia
Lebensfreude, eigenartige —; einfachste Dinge bereiten übergroße Freude	Acid. fluor.

Leber und Bauch dick, Obstipation, großer Appetit	Sulfur
Leblosigkeits-Eindruck (von der Wesensart des Kindes)	Aurum
Leibkrämpfe, heiße Milch bessert	Graphites
Leibweh durch Druck gebessert, Kind legt sich dabei auf den Bauch	Cina
Leibweh mit starken Schmerzen, Wärme bessert	Ars. alb.
Leidenschaftlichkeit, heftige —, Kind schlägt bei Erregung um sich	Borax
Leistenbeugen-Ekzem	Graphites
Lernen, zu träge zum —	Bar. carb.
Lernen, zu träge zum —; wenn das Kind für etwas begeistert ist, lernt es aber	Borax
Lichtscheu, ungewöhnliche — bei Conjunctivitis	Zincum
Lift (Aufzug, Fahrstuhl)-fahren abwärts höchst unangenehm	Borax
Lippen auffallend rot	Sulfur
Lippenherpes und urticarielle Schübe, Neigung zu —	Borax
Lordose, vorgestreckter Bauch, schlechter Stand	Bar. carb. Sulfur
Luft, an der frischen — Besserung	Magn. carb. Pulsatilla
Luft, empfindlich gegen muffige, dumpfe —, dabei frostig	Lycopodium
Luft, frische — bessert Asthma	Jodum
Luft, stickige —, schwüle Atmosphäre, Sauerstoffmangel, sehr empfindlich dagegen	Sulfur
Luftzug über den Kopf, Frösteln, sonst bei Fieber Decke des Bettzeugs wegstoßend	Sulfur
Luxieren (Subluxieren) des Kiefergelenks von dauerndem Gähnen	Cina

M

Magen- und Darmkrankheiten unerwartet aus voller Gesundheit	Ars. alb.
Magenschmerzen, Wärme bessert schnell	Ars. alb.
Magenstörungen und Verdauungsstörungen, dabei heftiger Durst nach Mahlzeiten	Causticum
Magenverstimmung, „hysterische“, aller Art; schwere Kost und Unverdauliches wird gut vertragen	Ignatia
Mager, schlanker Nacken	Natr. mur.
Mahlzeit, zu späte am Abend, macht Pavor nocturn.	Cina

Mandeln s. „Tonsillen“	
Mastoiditis, anfällig für — und für hohes Fieber	Capsicum
„Meins ist das Beste“ - Überzeugung	Sulfur
Melancholie-Neigung (nach schamhafter Selbstbescheidung)	Ignatia
Menschen, feinfühlend gegen fremde —, verletzbar	Thuja
Menschen suchend, Angst krank zu werden	Ars. alb.
Menschen werden geschlagen, extrem reizbar	Chamomilla
Menschenfurcht	Bar. carb.
Menschengedränge macht nervös und unruhig	Petroleum
Menstruation zu früh, zu lang, scheinbar wohlgenährtes, puberales Mädchen	Calc. carb.
Meteorismus, schmerzhaft, Koliken, Wärme bessert	Chamomilla
Meteorismus und große Kotballen	Carbo veg.
Miktionsschmerz ohne Harnbefund	Borax
Milch, heiße — bessert Leibkrämpfe	Graphites
Milchgenuß, Verdauungsstörung nach —	Sulfur
Milch-Unverträglichkeit	Silicea
Milch-Unverträglichkeit, akut	Aethusa
Milch-Unverträglichkeit, noch zu denken an:	Lac can.
	Lac defl.
Mitternachts-Hungerschmerz	Acid. fluor.
Morgens ist die Verschlimmerungszeit	Thuja
Müde, auffallend —	Graphites
Müde und matt, gleichzeitig Hände und Füße ruhelos	Zincum
Müdigkeit, Gesellschaft und Bewegung bessern	Sulfur
Müdigkeit nach der Schule	Acid. fluor.
Müdigkeit nach dem Essen; gereizt, wenn im Ruhebedürfnis gestört	Sulfur
Müdigkeit und Schläfrigkeit, dabei wird das Kind nervös, ängstlich und schreckhaft	Calc. carb.
Müdigkeit und Unausgeschlafenheit morgens, trotz ausreichender Schlafzeit (Pubertät)	Magn. phos.
Mundwinkelekzem	Graphites
Musik-empfindlich, u. U. erregbar bis zu Tränen, häufig auch Debile	Thuja
Muskeln weich und schwach	Magn. carb.
Muskelrheumatismus-Bereitschaft bei fetten Kindern mit großen Mandeln, nachfolgend zu Herzmuskelrheumatismus neigend	Bromum
Muskelzerrung, leicht (ungeschickt)	Causticum
Mutlos, negativ	Borax

Mutter wird geschlagen vom Kleinkind, das extrem reizbar ist	Chamomilla

N

Negativismus der Seelenhaltung	Sepia
Neigung zum Niesen und Augentränen	Jodum
Nervenmittel, eigentliche —, „Arzneibilder von Schrekken und Entsetzen beherrscht":	Arsenicum
	Bar. carb.
	Borax
	Chamomilla
	Cina
	Ignatia
	Magn. carb.
	Zincum
Nervös, ängstlich und schreckhaft bei Müdigkeit und Schläfrigkeit	Calc. carb.
Nervös in Menschenmenge und Gedränge	Petroleum
Nervös-sensitiv	Magn. carb.
Nervös, überspannt, reizbar, empfindlich	Ars. alb.
Nervöse Unruhe, Auf- und Abgehen	Jodum
Nervöser, ruheloser, zuckender Typ	Zincum
	Ignatia
Nichtstun und Herumsitzen, zufrieden dabei	Calc. carb.
Niedergeschlagen, leicht — nach schamhafter Selbstbescheidung	Ignatia
Niedergeschlagen nach plötzlichem Ausbruch, ohne Tränen	Jodum
Niedergeschlagen, traurig	Aurum
Niesen bei jedem Temperaturwechsel	Natr. mur.
Niesen und Augentränen, Neigung dazu	Jodum
Nörgeln, unzufrieden, dick, streitsüchtig	Sulfur

O

Oberlippe angeschwollen und entzündet bei Stirnhöhlenkatarrh	Bromum
Obstgenuß macht Koliken und nachfolgend Durchfälle	Borax
Obstipation, bei — sich wohler fühlend	Calc. carb.
Obstipation, großer Bauch, dicke Leber, großer Appetit	Sulfur
Obstipationsneigung, chronische; harter Stuhl	Pulsatilla

Obstipationsneigung, chronische; harter Stuhlgang, regelmäßiger anzutreffen als bei Pulsatilla bei:	Kal. sulf.
Obstipationsneigung, rechte Fossa iliaca auffällig stark gefüllt, chronische Coecumreizung	Thuja
Obstipationsneigung; wenn verstopft, leicht Einnässen	Sepia
Ohnmacht bei emotionaler Belastung	Ant. crud.
Ohnmachtsanfälle durch langes Stehen	Acid. fluor.
	Silicea
	Sepia
	Sulfur
Ohnmachtsanfälle in der Schule durch kongest. Kopfweh	Acid. fluor.
Ohren auffallend rot	Sulfur
Ohrenschmerzen, Frostgefühl bei warmem Wetter, aber Ohrenweh durch kalte Anwendung besser; sprengender, platzender Schmerzcharakter	Pulsatilla
Ohrenentzündung (Otitis media) chronisch, mit Neigung zu Mastoid-Befall	Thuja
Ohrenentzündung, chronisch, und Ekzem	Capsicum
Ohrenentzündung, durchgebrochen, gelbes, klebriges Sekret, wundmachend, hautreizend	Graphites
Ohrenentzündung mit großer Reizbarkeit	Chamomilla
Ohrenentzündung, Neigung zu —, (Durchbruch des Trommelfells, eitriger Ohrenfluß)	Aurum
Ohrmuschelekzem	Graphites
Ohrmuschelekzem, feuchtes	Ant. crud.
Ohrtubenkatarrh, chronischer, davon schwerhörig	Jodum
Ohrtubenkatarrh (bei Schnupfen), in die Ohren ausstrahlende Schmerzen, dabei typ. Hauterscheinungen	Petroleum
„Onychogryphosis"	Ant. crud.
Ordnungsliebe, außergewöhnliche	Ars. alb.

P

Pankreas-Störungen, mit den typischen fettigen Stühlen und Harnzucker	Jodum
Parästhesien (Taubheitsgefühl) in den Armen, nach Schul-Ermüdung, ohne Lokalbefund	Acid. fluor.
Pavor nocturnus; Kind ist reizbarer und ärgerlicher, je mehr man sich um es müht	Ant. crud.
Pavor nocturnus nach Überanstrengung am Tage oder Übermüdung am Abend	Borax
Pavor nocturnus nach zu später Abendmahlzeit	Cina

Pavor nocturnus, Neigung zu —	Calc. phos. Phosphorus
Pavor nocturnus, oft durch Anstrengung verursacht	Ars. alb.
Pavor nocturnus ohne Angabe oder Anhalt, was das Kind beeindruckt hat	Bar. carb.
Pavor nocturnus um Mitternacht (Umherlaufen, verstört, wie Schreckliches ahnend)	Ars. alb.
Pavor nocturnus und Dunkelangst, auf Grund von Beeindrucktsein durch Erzählung von Gruselgeschichten	Pulsatilla
Pavor nocturnus, wacht schreiend auf, sieht schreckliche Gesichter in der Dunkelheit, kaum zu beruhigen	Calc. carb.
Pedanterie, Ordnungsliebe, außergewöhnliche	Ars. alb.
Pericarditis, trockene, im rheumatischen Formenkreis, Ruhebesserung, bei dem Kindertyp mit den auffallend hellroten Wangen	Jodum
Pericarditis mit ähnlichen Symptomen, es besteht aber großer Durst nach großen Mengen kalten Wassers und typischer Zungenbefund; das Kind ist benommen, träge, abgeneigt zu essen	Bryonia
Photophobie (Lichtscheu), ungewöhnliche — bei Conjunctivitis	Zincum
Potenzen, homöopathische —: auch in chronischen Fällen sind mittlere Potenzhöhen gut bei:	Pulsatilla Kal. phos. Phosphorus Ant. crud.
Potenzen, homöopathische —: immer C 200 und höher verlangt die Anwendung von:	Calc. carb. Graphites
Prüfungsfurcht, „verliert die Nerven“, alle Art von Verdauungsstörungen	Ignatia
Pubertät: hochgradige Müdigkeit und Unausgeschlafenheit am frühen Morgen, trotz ausreichender Nachtruhe	Magn. carb.
Pubertät verzögert	Zincum
Pylorusstenose, kongenitale	Abrotanum

Q

Qualvolle Anstrengung, die Augen offen zu halten, da außerordentlich rasch ermüdet	Bar. carb.
Querköpfig, widerborstig, leicht in Wut	Petroleum
Querulierend, nörgelnd, dick	Sulfur

R

Rachitis-Tendenz, besondere	Calc. carb.
Räume, warme — werden schlecht vertragen	Chamomilla
Reaktionszeit, lange; langsam im Denken	Carbo veg. Zincum
Reisekrankheits-Neigung	Bar. carb. Calc. carb. Borax Petroleum Tabacum
Reizbar, extrem ruhelos, geht unzufrieden von einem zum anderen	Chamomilla
Reizbar, furchtsam, je mehr man sich um das Kind bemüht	Antim. crud.
Reizbar, Heftigkeit, Plötzlichkeit	Jodum
Reizbar, müde, nach dem Essen	Bar. carb.
Reizbar, nervös, überspannt, empfindsam	Ars. alb.
Reizbar, schlägt bei Erregung heftig um sich	Borax
Reizbar und widerspenstig, da außerordentlich leicht ermüdet	Bar. carb.
Reizbar, verhungert, ängstlich, ärgerlich, dünne Beine	Abrotanum
Resignierend, sich in sich selbst zurückziehend (steckt gern die Hände in die Taschen und gibt lieber das Spiel auf)	Calc. carb.
Rhagaden	Graphites Ant. crud.
Rhagaden an den Fingern, die an kalten Herbst- und Wintertagen aufspringen	Petroleum
Rheumatische Beschwerden nachts, Kälte und Feuchtigkeit verschlimmern, Durchfall wechselt häufig mit Rheuma	Abrotanum
Rheumatische Erscheinungen, besser bei feuchtem Wetter	Causticum
Rheumatische Erscheinungen mit auffallender, umschriebener Rötung nur an einem oder an zwei Gelenken	Capsicum
Rheumatische Erscheinungen, nicht selten durch Baden oder Schwimmen in der See ausgelöst, die Gelenke sind auffällig rot, trotz anfänglicher Schmerzen bessern Kälte und Bewegung	Sulfur (dünner Typ)
Rheumatische Erscheinungen, oft vorher Durchfälle, Rheuma besser durch Bewegung, neigt zu trockener Pericarditis	Jodum

Rheumatische Erscheinungen, Tonsillenschwellung, Muskelrheuma, evtl. später Herzmuskelbeteiligung mit Herzenge-Gefühl	Bromum
Röte des Gesichts, Hitzewallungen, treten nach heißen Speisen in Erscheinung	Magn. carb.
Röte, Erhitzung, Jucken aller Körperöffnungen	Sulfur
Röte, hitzige; leicht aus der Fassung zu bringen, sonst freundlich, heiter, glücklich	Bromum
Rötung, eigenartige, um die Augen; fette Kinder, bleich	Ant. crud.
Rückenschmerzen, rechts den Rücken herabziehend, brennend, bei Ermüdung, oft sich an Schmerzen der hinteren unteren Cervicalregion anschließend	Zincum
Ruhelos, extrem —, geht unzufrieden von einem zum andern	Chamomilla
Ruhelos, immer was zu tun	Ars. alb.
Ruhelosigkeit, ausgeprägte —	Jodum

S

Sabbern, viel —	Bar. carb.
Sabbern, viel — bei Soorerscheinungen	Borax
Säugling bekommt von Milchgenuß Brechdurchfall	Sulfur
Säuregenuß (Früchte, Getränke) macht Verdauungsstörung mit dickbelegter, weißer Zunge	Ant. crud.
Salzgier	Natr. mur. Carbo veg.
Sauberhalten des Kindes schwer, alle Ausscheidungen stinken	Sulfur
Saure Schweiße, Neigung zu —, diese vor allem am Kopf	Calc. carb.
(Schlaf, im — legt Kind Arme über den Kopf)	(Pulsatilla)
Schlaf mit Seufzen und Schluchzen	Aurum
Schlaf oberflächlich, Träume von Feuer u. Ä.	Sulfur
Schläfrigkeit bei Tage (dicke, träge Typen), Nachtschlaf aber oberflächlich und schreckhaft, von Träumen unterbrochen	Sulfur
Schläfrigkeit und Müdigkeit macht nervös, ängstlich und schreckhaft	Calc. carb.
Schlägt heftig in Leidenschaftlichkeit um sich bei Erregung, reizbar	Borax
Schlagen nach der Mutter, extrem gereizt	Chamomilla

Schlank, enormer Appetit, neigt zu Durchfall	Abrotanum
Schlank, langer Wuchs; gelbliche „dicke“ Haut; manchmal auch dicker Bauch	Lycopodium
Schlank, schmalbrüstig, spindelige Beine, dicker Bauch	Sulfur
Schlank, untergewichtig, hellhaarig, hellhäutig, zarte Knochen	Acid. fluor.
Schlank, zart, blond	Thuja
Schlanker, magerer Nacken	Natr. mur.
Schlapp, faul	Bromum
	Calc. carb.
	Graphit
	Kal. sulf.
	Sulfur
Schlappheit bei warmem Wetter	Kal. sulf.
	Petroleum
Schlappheit bei warmem Wetter, Kind verliert seine Lebhaftigkeit und Energie, neigt zu Verdauungsstörungen, wird weinerlich oder reizbar	Pulsatilla
Schleimhautentzündungen, Neigung zu —	Borax
Schlimmste Zeit etwa um 21^h, beruhigt sich (oft von selbst) um Mitternacht	Chamomilla
Schlingt, kaut aber nicht	Zincum
Schluchzen und Seufzen im Schlaf	Aurum
Schmerzen beim Wasserlassen oder von Einnässen, ohne Entzündung im Harntrakt	Borax
Schmerzen über dem Nasenrücken, Schnauben ohne Befreiung, endlich dicker, gelber Eiter	Bromum
Schmerzen untere Cervicalregion, bei Ermüdung, öfter auch den rechten Rücken wie brennend herunterlaufend	Zincum
Schmerzen von anderen Kindern mitzuerleben (oder nur die Vorstellung von Schmerzen), ist unerträglich; empfindlich dagegen, daß anderen Kindern wehgetan wird (oder anscheinend wehgetan werden soll!)	Causticum
Schmerz-überempfindlich	Aurum
	Causticum
Schmollt gern	Sepia
Schmutziges, ungewaschenes, ungesundes Aussehen	Psorinum
Schnell erschöpfbar, Schulkopfweh nachts beginnend	Magn. carb.
Schnell erschöpfbar, Widerspruch, reizbar	Bar. carb.
Schnupfen, Nasenekzem mit Krusten bis zur Oberlippe	Petroleum
Schrecken und Entsetzen: s. „Nervenmittel“	

Schrecken vor fremden Geräuschen, Furcht vor Dunkelheit	Kal. sulf.
	Pulsatilla
Schreckhaft	Borax
	Bar. carb.
Schreckhaft, nervös und ängstlich bei Müdigkeit und Schläfrigkeit	Calc. carb.
Schreibfehler, leicht (Wort- und Buchstabenverwechseln)	Acid. fluor.
Schreien, Strampeln, Sichumherwerfen bei Störungen	Chamomilla
Schreit und lacht abwechselnd, unbeständig	Sanicula*)
Schreit, wenn die Mutter es ins Bettchen legt (Kleinkind); Abwärtsbewegung ist ihm unangenehm	Borax
Schreit, wenn es denkt, anderen werde wehgetan	Causticum
Schulermüdung, dadurch Paraesthesien der Arme, ohne Lokalbefund	Acid. fluor.
Schulkopfweh, migräneartig, periodisch, alle 7—14 Tage, Kühle bessert	Ars. alb.
Schulschwierigkeiten, Angst vor Spott, dadurch stumme Resignation (antwortet auf keine Frage)	Calc. carb.
Schulüberforderung leicht, da hochempfindsam	Ignatia
Schüttelt sich vor heißem Fett, mag es auf keinen Fall	Pulsatilla
Schüttelt sich, wenn Kaltes getrunken wird; durstig bei hohem Fieber	Capsicum
Schwäche, geistige	Aurum
Schwäche, körperliche; dadurch träge	Carbo veg.
	Calc. carb.
	Graphites
Schwankende Stimmung, schnell —	Ignatia
Schwarze Haare, dunkle Haut, ruhelos	Jodum
Schweiß an unbedeckten Körperstellen	Thuja
Schweiß, entweder an den Gliedmaßen oder nur an Kopf und Nacken	Silicea
Schweiß, statt — eher störendes Nasenbluten	Graphites
Schweißneigung, dauernde —, vor allem am Kopf, sauer riechend, dadurch rasch erkältet	Calc. carb.
Schweißneigung erheblich, dadurch Hautjucken	Sepia
Schwerfällig, ungeschickt, neigt zu Hastigkeit	Natr. mur.
Schwerhörigkeit als Folge von Tubenkatarrh der Ohren	Jodum
Schwindel durch Aufwärtsblicken	Pulsatilla
Schwindel mehr durch Abwärtsblicken	Arg. nitr.

---

*) Sanicula (s. S. 14) = potenziertes Quellwasser aus Amerika!

Schwindlig und krank durch Fahren in Eisenbahn oder Auto	Calc. carb.
Scrotum unterentwickelt	Aurum
Seekrankheits-Neigung	Petroleum
Sekrete milde, dick, cremeartig, nicht reizend	Pulsatilla
Sekrete wäßriger, zäher, gelber als bei Pulsatilla	Kal. sulf.
Selbstbewußtsein gering, ziemlich elend, fett, schwer, auffallend müde	Graphites
Selbstvertrauen mangelnd	Kal. sulf.
Seufzen und Schluchzen im Schlaf	Aurum
Soor-Stomatitis	Borax
Sorgen, von — geplagt	Graphites
Spätes Abendessen, zu — macht Pavor nocturnus	Cina
Spastische Bronchitis, kitzelnd, bis zur Atemnot	Bromum
Spastische Bronchitis mit Kehlkopfattacken zu unpassender Zeit	Ignatia
Speichelfluß, ausgeprägter —	Bar. carb.

Speisen:

Abneigung gegen Essen überhaupt	Bryonia
Abneigung gegen Fett (überempfindlich)	Carbo veg.
Abneigung gegen Fisch, ausgeprägte — — —	Graphites
Abneigung gegen Fleisch, ausgeprägte — — —	Calc. carb.
Abneigung gegen Gemüse und Salat	Magn. carb.
Abneigung gegen Heißes	Calc. carb.
Abneigung gegen Milch	Silicea
Abneigung gegen Schweinefleisch	Pulsatilla
Abneigung gegen Süßes, ausgeprägte — — —	Causticum
Außergewöhnliche Speisen bevorzugt, gern Bouillon und Roastbeaf	Sulfur
Butter und Majonnaise wird gern genommen, aber kein Schweinefleisch, kein heißes Fett	Pulsatilla
Durst bei fieberhaften Erkrankungen, auf große Mengen kalter Flüssigkeiten	Bryonia
Durst bei fieberhaften Halserkrankungen und Mastoiditis, sehr heftig; schüttelt sich nach dem Trinken	Capsicum
Durst groß, Verlangen nach kalten Getränken, bei Durchfall	Ant. crud.
Durst, großer —, auf kalte Getränke	Arsenicum
Durst heftig, nach den Mahlzeiten, bei Magen- und Verdauungsstörungen	Causticum
Durst, viel —; trockener, heißer Mund	Sulfur
Eier sehr gern mögend (nicht immer vorhandenes Symptom)	Calc. carb.
Eis-Genuß macht Durchfall, bei warmem Wetter	Pulsatilla.
Eis sehr gern mögend	Calc. carb.
Eis und Eiscreme lösen Magendarmbeschwerden aus	Ars. alb.
Fett, besonders heißes, verlangend	Sulfur
Fett-Abneigung, überempfindlich dagegen	Carbo veg.
Fisch-Abneigung, ausgeprägte —	Graphites
Fleisch und Gewürztes mag das Kind gern, kein Ei	Phosphorus

Fleischverlangen ausgesprochen	Magn. carb.
Früchte (Obst), gegen — überempfindlich; Kind bekommt Durchfall, Erbrechen und Koliken	Borax
Früchte, saure — und saure Getränke machen Magen- und Verdauungsbeschwerden mit kalkweiß belegter Zunge	Ant. crud.
Früchte, wasserhaltige besonders, machen akute Magenerscheinungen	Ars. alb.
Getränke, heiße — verschlimmern Durchfälle	Acid. fluor. Arg. nitr. Lycopodium Secale
Getränke, kalte — verlangend, Durst bei hohem Fieber, schüttelt sich nach Trinken	Capsicum
Gewürztes gern essend, Verlangen danach	Sulfur
Gewürztes, Pikantes verlangend, Fleischspeisen (kein Ei mögend)	Phosphorus
Gewürztes, stark — und raffiniert zubereitete Speisen verlangend	Acid. fluor.
Heißes Fett verlangend	Sulfur
Heiße Getränke verschlimmern Durchfälle s. „Getränke, heiße ..."	
Heiße Speisen machen Hitzewallungen und Röte des Gesichts	Magn. carb.
Heißes, sehr — Essen und Süßes gern mögend	Lycopodium
Kaltes macht Gastritis, u. U. Diarrhoe	Ars. alb.
Kaltes Wasser, Durst auf große Mengen, Abneigung gegen Essen	Bryonia
Milch, heiße — bessert Leibkrämpfe	Graphites
Milch macht saures Erbrechen, ist unerträglich	Magn. carb.
Milch nicht mögend	Carbo veg.
Milch nicht mögend, Abneigung, bei Genuß von M., üble Folgen	Silicea (Lac can.)
Milchgenuß macht Verdauungsstörung	Sulfur
Milchgenuß u. U. später von Gelbsucht gefolgt	Sulfur
Milch-überempfindlich, Verdauungsstörung auch von Milchdiät	Sepia
Milch-Unverträglichkeit, akute Gesundheitsstörung davon	Lac defl. Lac can. Aethusa
Milch-Unverträglichkeit, sehr akute	Aethusa
Obst (Früchte), saures —, Säure und saure Getränke machen Magenbeschwerden	Ant. crud.
Obst-(Früchte-)überempfindlich	Borax
Obst, wasserhaltiges — macht akute Gastritis	Ars. alb.
Pikantes, Gewürztes, Fleischspeisen verlangend	Phosphorus
Roastbeaf verlangend	Sulfur
Säure und saure Früchte s. o. (Obst)	
Salat und Gemüse, Abneigung gegen — — —	Magn. carb.
Salzgier	Natr. mur. Carbo veg.
Schütteln, sich — bei durstigem Trinken und hohem Fieber	Capsicum
Schweinefleisch-Widerwillen	Pulsatilla
Süß-Abneigung ausgeprägt	Causticum
Süß-Abneigung oft	Graphites
Süßes liebend, bekommt aber nicht	Carbo veg.
Süßes verlangend	Sulfur
Tee-Empfindlichkeit in der Adoleszenz	Thuja
Wasserhaltiges Obst - akute Gastritis	Ars. alb.
Zwiebeln machen Magenkatarrh und Durchfall	Thuja

Spiel - abgeneigt und negativistisch	Sepia
Spiel: Bewegung plump und schwerfällig, resigniert, hört gerne auf, steckt die Hände in die Tasche	Calc. carb.
Spielsachen von sich werfend; weiß nicht, was es will	Chamomilla
Sprachstörung (Artikulationsstörung) leicht, nach Anstrengung, grimassiert dann	Ignatia
Sprechen: Abneigung, Zurückhaltung, leichte Wortfindungsstörung („jagt den Worten nach“)	Thuja
Sprechenlernen langsam (Artikulationsschwierigkeiten) (das späte oder langsame Gehenlernen ist nicht so charakteristisch)	Natr. mur.
Sprechenlernen verzögert, bei schlechter geistiger Entwicklung	Bar. carb.
Sputum bei Bronchitis zäh, klebrig, kann kaum aus dem Munde herausgebracht werden (ähnlich wie bei Kal. bichrom.)	Magn. carb.
Staubempfindlichkeit der Schleimhäute	Bromum
Stehen fällt schwer	Acid. fluor.
	Silicea
	Sulfur
(Ohnmacht, Kopfweh, müde)	(Sepia)
Stehen, kann nicht lange — (dünner Typ)	Sulfur
Steifigkeit der Gelenke; Schmerzen und Gefühl, Gelenke seien zusammengeschnürt	Causticum
Stimme rauh, bei großen Mandeln	Bromum
Stimmungslabilität, extreme —	Ignatia
Stinken aus Nase und Tonsillen (Sekrete)	Aurum
Stirnhöhleneiterungs-Disposition	Bromum
Störung wird mit Schreien, Strampeln und Sichumherwerfen beantwortet	Chamomilla
Streitsüchtig, dick, unzufrieden, nörgelnd	Sulfur
Stuhlgang angehalten, infolgedessen dann Kopfweh	Acid. fluor.
Stuhlgang durch Obstipation sehr hart	Bar. carb.
Stuhlgang großkalibrig, mit viel Blähungen	Carbo veg.
Stuhlgang mit klebrigem Schleim umhüllt	Graphites
Stuhlgang pastös, farblos, Unverdautes enthaltend	Magn. carb.
Submaxillardrüsen häufig vergrößert, eitrige Infekte im Bereich von Hals, Nase, Ohr	Petroleum
Sulfur wechselseitig ersetzbar durch: (Aconit ist der „akute Sulfur“)	Aconit

T

Tabes-mesaraica-Attacken	Jodum
Tätigkeitsdrang, ruheloser	Ars. alb.
Taubheitsgefühl in den Armen, nach Ermüdung in der Schule, ohne Lokalbefund	Acid. fluor.
Temperamentsausbrüche (Haß), plötzlich und heftig	Acid. fluor.
Temperaturwechsel: Frösteln und sofort Niesen	Natr. mur.
Tonsillen geschwollen und stinkend	Graphites
Tonsillen mit stinkendem Eiter in den Krypten, dauernd infiziert	Aurum
Tonsillen und Halsdrüsen vergrößert	Calc. carb.
Tonsillen und Submaxillardrüsen chronisch dick	Bromum
Tonsillen vergrößert und Halsentzündung am Beginn jeder Erkrankung	Bar. carb.
Tonsillitis chronica, tiefroter Hals, starke Schwellungen, stinkender Atem, brennende Hitze	Sulfur
Träge	Calc. carb. Carbo veg. Graphites Kal. sulf. Pulsatilla Sepia
Träge, alles mißfällt, nörgelig, findet sich nicht ausreichend gewürdigt, dick	Sulfur
Träge, benommen	Bromum
Träge und verstopft, gerne herumsitzend	Graphites Kal. sulf.
Tränen bei emotionaler Belastung, feinfühlig, leicht beeindruckbar, leicht aus der Fassung zu bringen	Ant. crud.
Tränen der Wut über Geräusche (Kleinkind)	Ignatia
Tränenbereit, leicht —, mehr aus Wut als aus Furcht; ausgesprochene Abneigung, behandelt zu werden	Natr. mur.
Tränensackeiterung durch Risse am inneren Canthus entstanden	Petroleum
Träume, daß die Eltern tot seien, von Schlangen, von schrecklichen Tieren, Kind ist eifersüchtig, mißtrauisch, sitzt in einer Ecke und schreit, weil es glaubt, in der Welt allein gelassen zu sein	Lachesis
Träume von Feuer und Ähnlichem	Sulfur
Traurig, negativistisch	Sepia
Traurig, niedergeschlagen	Aurum
Traurig, niedergeschlagen, Musik rührt zu Tränen	Thuja

Tubenkatarrh bei Schnupfen, mit Krustenekzem bis zur Oberlippe	Petroleum
Tubenkatarrh, chronisch davon schwerhörig	Jodum
Tuberkulose-familienanamnestisch	Tuberculinum oder Bacillinum
Typen, warmblütige —	Acid. fluor. Jodide Bromide Kal. sulf. Pulsatilla
Typ, ruheloser nervöser, zuckender —	Ignatia Zincum
Typ a) gut genährt, gut gewachsen, großköpfig, gesundaussehend, etwas schwerfällig, u. U. linkische Bewegungen, meist dicke, helle Haare, u. U. rauhe Haut, ziemlich oft rote Hände und Füße, auffallend rote Ohren, häufig gerötete Lidränder m. Blepharitis-Borken; streitsüchtig, nörgelig, träge, unleidlich	Sulfur
Typ b) schlank, schmalbrüstig, ziemlich spindelige Beine, vergrößerter Bauch, weniger gerötetes Kolorit, trokkenere Haut, schwitzt nicht so leicht, leicht Hautrisse an nackten Teilen, weniger gesund und vital wirkend, kann schlecht stehen, liebt Komfort.	Sulfur
Typ 1) zartes, feines Kind; helle, dünne Haare; feine Haut; kälteempfindlich, unausgeglichene Zirkulation, errötet leicht bei jeder Erregung, dann schnell wieder blaß, scheu empfindsam, immer affektiv, leicht zu führen, immer entgegenkommend	Pulsatilla
Dieser Typ reagiert auch gut auf:	Silicea oder Phosphorus
Typ 2) Etwas fetter als 1), eher etwas dunkleres Haar, besser durchblutet, aber reaktionsträge, weint noch eher, nicht so aufgeweckt und heiter, anschmiegsamer, liebevolle Zuwendung verlangend	Pulsatilla
Dieser Typ reagiert auch gut auf:	Sulfur
Typ ähnlich a), aber nicht so „heißblütig", eher kälteempfindlich, Neigung zu Mitesserbildung über der Stirn	Calc. carb.

U

Übelnehmerisch; unfähig, Scherz zu ertragen	Cina
Überempfindlich gegen Sinneseindrücke (Geruch, Berührung, Geräusche, auch Anstrengung)	Ars. alb.
Überempfindlichkeit, extreme	Chamomilla
Überempfindlichkeit gegen Geräusche, gerät in Wut (Kleinkind)	Ignatia
Überspannt, nervös, reizbar, empfindsam	Ars. alb.
Umgebung, menschliche — wird geschlagen; extrem reizbar	Chamomilla
Unangenehmes, Furcht vor —, alle Arten von Verdauungsstörungen	Ignatia
Unaufmerksam, extrem vergeßlich	Capsicum
Unaufmerksam-nachlässig	Petroleum
Unausgeschlafenheit und Müdigkeit am frühen Morgen, trotz ausreichenden Nachtschlafs (Pubertät)	Magn. carb.
Unbeholfen, linkisch, durch Inkoordiniertheit der Bewegungen	Bar. carb.
Unbeholfen, linkisch, durch zu große Hast	Natr. mur.
Unerwartet, aus voller Gesundheit Magen und Darmkrankheiten; sehr schwach; rasch danach erholt	Ars. alb.
Unfähig zu arbeiten, wenn es durch Geräusche gestört wird	Ignatia
Unfähig, Scherz zu ertragen	Cina
Ungeschick, leicht Muskelzerrung	Capsicum
Ungesundes Aussehen	Ant. crud. Psorinum
Ungezogen, „konvulsivische Wut, blaues Gesicht“	Chamomilla
Unmotivierte Beschwerden, zeitlich —; Husten, spastische Kehlkopfattacken, „zur Unzeit“	Ignatia
Unruhe durch Juckreiz, dauerndes Scheuern und Kratzen	Psorinum
Unruhe; hat immer was zu tun	Ars. alb.
Unruhe im Verhalten, dauernde —; Typ mit dunkler Haut und schwarzen Haaren	Jodum
Unstet, reizbar	Chamomilla
Unterernährt, verhungert wirkend	Abrotanum
Untergewichtig, schlank, hellhaarig, hellhäutig, zarte Knochen	Acid. fluor.
Untergewichtiger und kleiner als andere Kinder im Altersdurchschnitt	Natr. mur.
Unverträglichkeit von Hitze und Sonne	Jodum

Unverträglichkeit von Schwüle, Hitze und Sonne; bei Sonne Kopfweh	Natr. mur.
Unverträglichkeit von Speisen s. „Speisen“	
Unverträglichkeit von Wärme, Schwüle, Hitze; wird schlapp	Pulsatilla
Unzufrieden, nörgelnd, streitsüchtig, dick	Sulfur
Unzufrieden-ruhelos, geht von einem zum andern, extrem reizbar	Chamomilla
Urinanhalten macht Kopfweh	Acid. fluor.
Urticaria, Neigung zu — und zu Lippenherpes	Borax

V

Verdauung träge, rechte Fossa iliaca auffällig stark gefüllt	Thuja
Verdauungsstörungen, zu akuten — neigend	Borax
Verdauungsstörungen aller Art durch Examensfurcht und Furcht vor Unangenehmem	Ignatia
Verdauungsstörungen, dabei heftiger Durst nach den Mahlzeiten	Causticum
Verdauungsstörungen, sehr oft von Milchdiät	Sepia
Verdauungsstörungen von Säuregenuß (saure Früchte oder Getränke), kalkweiß belegte Zunge	Ant. crud.
Verdrießlich, schmollt gerne	Sepia
Verfolgungsvorstellung im Dunkeln (glaubt jemand hinter sich)	Bromum
Vergeßlich, ausgeprägt — (vergißt Aufträge)	Capsicum
Vergeßlich, extrem — und Konzentrationsunfähigkeit	Bar. carb.
Vergeßlich, schlechtes Gedächtnis	Aurum
Vergeßlich, nachlässig	Petroleum
Verhungert, reizbar, ängstlich, ärgerlich, dünne Beine	Abrotanum
Verletzbar, leicht —; feinfühlend	Thuja
Verschlimmerung durch Bewegung	Petroleum
Verschlimmerung durch Waschen	Bar. carb. Psorinum
Verschlimmerung kurz vor Mitternacht bzw. 21^{h}	Chamomilla
Verschlimmerung im Herbst und Winter	Petroleum
Verschlimmerungszeit morgens	Thuja
Verstopft, ständig —	Graphites
Verstopfung, bei — sich wohler fühlend	Calc. carb.
Verstopfung, chronische, harter Stuhl	Bar. carb.

Verstopfung erzeugt Kopfweh	Acid. fluor.
Verstopfung, großer Bauch, dicke Leber, großer Appetit	Sulfur
Verstopfung (regelmäßiger als bei Pulsatilla)	Kal. sulf.
Verstopfungsneigung, große Kotballen, Blähungen	Carbo veg.
Verstopfungsneigung, rechte Fossa iliaca auffällig stark gefüllt, chronische Blinddarmreizung	Thuja
Verstopfungsneigung; wenn verstopft, leicht Enuresis	Sepia
Verwechslung von Worten und Buchstaben beim Schreiben	Acid. fluor.
Verwurmungsneigung	Cina
	Spigelia
	Stannum
Verzögerte Allgemeinentwicklung	Zincum
Vitalitätsverlust, verzögerte Nabelheilung	Abrotanum
Vorstellung, daß andere Kinder Schmerzen haben, ist unerträglich; schreit	Causticum

W

Wächst zu schnell; dünn	Acid. phos.
Wachstumsschmerzen	Calc. phos.
Wachstumsschmerzen in der Tibia	Magnesiumsalze
Wadenkrämpfe nachts im Bett (führendes Symptom für:)	Zincum
Wärme-Überempfindlichkeit	Jodum
Wärmeverteilungsstörung (Hände kalt, Kopf heiß etc.)	Sulfur
Wallungen und Röte nach heißen Speisen	Magn. carb.
Wangen auffallend hellrot, Neigung zu rheumatischen Erkrankungen mit trockener Pericarditis	Jodum
Wangen auffallend rot	Capsicum
Wangen: eine rot, eine blaß	Chamomilla
Wangen umschrieben rot, aber fahles, bleiches Gebiet um Nase und Mund herum	Cina
Warmblütige Typen	Acid. fluor.
	Bromide
	Jodide
	Chamomilla
	Kal. sulf.
	Pulsatilla
	Sulfur
Warme Räume werden schlecht vertragen	Chamomilla
Warmem Raum, in — sich unwohl fühlend	Bromum

Warmem Wetter, bei — schlapp	Kal. sulf. Petroleum Pulsatilla
Warzen, wenige flache — oder Warzengruppen, kaum schmerzhaft, an den Fingern	Ant. crud.
Warzen weich, bluten leicht	Thuja
Warzen, zahllose	Causticum
Waschen verschlimmert Symptome	Bar. carb. Psorinum
„Wegbleiben" mit „blauem Gesicht", Kleinkind, ungezogen (ebenso: Wegwerfen der Spielsachen; weiß nicht, was es will)	Chamomilla
Weinen, große Neigung zu —	Pulsatilla
Wetter heißes: Blutstauungen, wenn das Kind gezwungen wird, still zu stehen	Kal. sulf.
Wetter, heißes — macht Schlappheit	Pulsatilla Kal. sulf.
Wetter(wechsel)fühligkeit	Magn. carb.
Wetterwechsel, bei — Erkältungserscheinungen ohne jegliche Infektionsmöglichkeit	Sepia
Widerborstig, leicht in Wut, querköpfig	Petroleum
Widerspenstig, reizbar, da außerordentlich leicht ermüdet	Bar. carb.
Widerspruchsgeist	Aurum
Widerstandsfähigkeit fehlt, nervös, sensitiv	Magn. carb.
Winterverschlimmerung der Erscheinungen	Petroleum
Wort, überempfindlich gegen gesprochenes — (auch Geräuschempfindlichkeit dabei)	Zincum
Worte und Buchstaben werden beim Schreiben verwechselt	Acid. fluor.
Wortfindung schwer, sucht die Worte („den Wortbildungen nachjagend") - auch interessierte, aktive, lebhafte Kinder!	Thuja
Wundsein der Aftergegend, starkes — nach Durchfall	Magn. carb.
(Wurmbefall-Hinweis soll sein: Nasezupfen, Nasebohren	Cina)
Wurmbefallneigung	Cina Spigelia Stannum
Wut, abwehrende —, Tränen, dann in der Ecke spielend mit etwas, was es gerade erwischt	Bar. carb.

Wut, abwehrende —, Tränen, dann still aus einer Ecke beobachtend	Natr. mur.
Wut, leicht in —, querköpfig, widerborstig	Petroleum
Wut, plötzliche — bei sonstiger „Leblosigkeit“	Aurum
Wut über Geräusche, überempfindlich gegen Geräusche	Magn. carb.
Wut, wahnsinnige —, extrem, plötzlich	Chamomilla

Z

Zähne (Zahnschmelz) schlecht, früher Zahnverfall (bei schlanken blonden, zarten Kindern)	Thuja
Zahnungsschwierigkeiten, Zahnfleisch lokal angeschwollen und gerötet, bei extremer Stimmungslabilität	Chamomilla
Zahnverfall, früher —, häufig Fisteln und Abscesse im Zahnfleisch	Acid. fluor.
Zeit, schlimmste — um 21 h, Kind beruhigt sich aber (oft von selbst) um Mitternacht	Chamomilla
Zeitlich unmotiviert und unpassend auftretende Husten- und Kehlkopfattacken	Ignatia
Zirkulation träge	Carbo veg.
Zirkulation unbeständig	Phosphorus
Zirkulation unstet (Hitzewallungen, Schweißausbrüche und Frösteln wechseln)	Sulfur
Zirkulationsstörungen bei Belastung	Graphites
Zittrig, leicht — durch Ermüdung	Ignatia
Zögernde Beantwortung von Fragen (träge, älteres Kind)	Graphites
Zögernde Beantwortung von Fragen (Worte werden schwer gefunden)	Thuja
Zuckende Bewegungen (analog Chorea)	Ant. crud.
Zugluft, generell empfindlich gegen —, frostig	Cina
Zugluft macht allergische oder chronische Katarrhe; trotzdem Besserung an frischer Luft	Bromum
Zugluft macht Stenocardie	Bromum
Zuneigungs-empfänglich, aber feinfühlig (Zuwendungs-empfindlich	Thuja Pulsatilla)
Zunge gelblich belegt, oft nur in der Mitte	Kal. sulf.
Zupfen an der Nase, dauernd, oder Nasebohren	Cina
Zurückhaltend beim Sprechen, den Worten innerlich nachjagend (auch aktive, interessierte Kinder!)	Thuja
Zurückhaltend, unnötig — (schamhafte Selbstbescheidung)	Ignatia

Zurückziehen in sich selbst, resigniert gern, steckt die Hände in die Taschen und sieht lieber dem Spiel zu	Calc. carb.
Zwanghaftes, dauerndes Gähnen	Cina
Zwergenhaft klein wirkend, scheu, ängstlich, Pavor nocturnus, bekommt Angst, wenn es vor der Haustür ist	Bar. carb.
Zwiebeln machen Magenkatarrh und Durchfall	Thuja

In einzelnen Fällen ist das Repertorium auf Grund zahlreicher Vorschläge um Symptome ergänzt, die in BORLANDS „Children's Types" n i c h t genannt sind, aber doch wesentlich erscheinen.

Besprochene Kindertypen

	Seite
Abrotanum	37
Acidum fluoricum	37
Antimonium crudum	26
Arsenicum album	39
Aurum	21
Barium carbonicum	16
Borax	17
Bromum	34
Calcium carbonicum	12
Calcium phosphoricum	13
Capsicum	24
Carbo vegetabilis	22
Causticum	15
Chamomilla	41
Cina	42
Graphites	22
Ignatia	43
Jodum	35
Kalium sulfuricum	28
Lycopodium	15
Magnesium carbonicum	42
Natrium muriaticum	19
Petroleum	26
Phosphorus	14
Psorinum	25
Pulsatilla	27
Sepia	20
Silicea	14
Sulfur	30
Thuja	33
Zincum	44

Sonstige Bemerkungen über Mittel

Aconitum 33
Aethusa 15
Argentum nitricum 28, 38
Bacillinum 16
Barium muriaticum 17
Belladonna 33
Bryonia 36, 37
Cantharis 32
Kalium bichromicum 43
Kalium phosphoricum 29
Lac defloratum 15
Magnesiumsalze (allgemein) 13
Sanicula (amerikanisches Heilwasser) 14
Secale 38
Tuberculinum 16